IBC対訳ライブラリー

英語で読む
芥川龍之介短編集
Short Stories of
Ryunosuke Akutagawa

原　　作：芥川龍之介
英　　文：マイケル・ブレーズ
日本語訳：牛原眞弓
英語解説：出水田隆文

カバー・本文イラスト=山田勇男
ナレーション = Jon Mudryj, Carolyn Miller, Lindsay Nelson
録音スタジオ =(財)英語教育協議会

本書の英語テキストは、弊社から刊行されたラダーシリーズ
『Toshishun 杜子春』『The Nose 鼻』『In the Woods 藪の中』から転載しています。

龍之介よ、蘇(よみがえ)れ!!
人間の業の深さを巧みに描ききる、芥川龍之介の短篇作品

　道徳や、国語の教材としてよく用いられた『杜子春』は、大正9(1920)年、雑誌「赤い鳥」で発表され、子供のための童話として書かれている。

　『杜子春』の元になっているのは、唐代の中国の怪奇小説『杜子春伝』で、龍之介は子供向けになるようにアレンジした。

　畜生に姿を変えられてもなお子をかばう母の愛の深さや、仙人との約束を破って、たまらず声をあげる杜子春の優しさが、情感いっぱいに描かれる。

　龍之介の筆力は童話でも遺憾なく発揮され、教条的になりがちな人生教訓的要素が、自然に物語に取り込まれている。

　しかし、ラストで仙人が杜子春に、田舎の土地と家を与えてしまうが、本来の龍之介ならばもっと辛口の終章を描いたのでは、という気もする。童話ゆえの甘さか?

　龍之介の初期の代表作『鼻』は、東京帝国大学在学中の大正5(1916)年、菊池寛らと創刊した同人誌「新思潮」で発表された。前年に発表した『羅生門』同様、日本の中世説話を題材にした、いわゆる王朝物の作品で、『今昔物語』と『宇治拾遺物語』に収められている、同じ内容の説話を元に描かれている。

　龍之介は、滑稽な物語はそのままに、説話には描かれていない、高僧の心の動きを現代人の感性で追った。コンプレックスの塊(かたまり)の高僧

を通して、いつの世にあっても見栄や自尊心から逃れられない、人間の業(ごう)の深さを描いてみせたのだ。
　しかし最終行の「長い鼻をあけ方の秋風にぶらつかせながら。（原文より）」からは、実にすがすがしい禅智内供(ぜんちないぐ)の姿が見えて来るではないか！
　当時、龍之介はまだ帝大生だったが、夏目漱石はこの作品を大いに賞賛し、これがきっかけで、作家芥川龍之介の名前が文壇に知られるようになった。

　『藪の中』は、大正11(1922)年の文芸誌「新潮」で発表された。この作品も王朝物の一つで『今昔物語』に収められている説話を下敷きにして書かれている。元の説話は、夫は殺されることなく、妻にふがいなさを責められる結末になっているが、『藪の中』は、夫の死体が発見され、事件の当事者3人と証人の4人が、それぞれ事件の証言をするという法廷物のような構成。龍之介は、事件に結末をつけずに、読者の想像力に委ねる形で物語を終らせた。
　7人の証言は矛盾に満ち、読者にも真相を推察するのは困難なのだが、それぞれの心の奥にある自尊心やエゴが浮き彫りになってくる。龍之介は『藪の中』に、物語としての面白さ以上に、登場人物の心理の面白さを求めたのだ。
　しかし、夫の証言を、巫女(みこ)の口を借りて語らせるとは、驚きの表現である。
　なお、黒沢明監督の『羅生門』(1950)は、芥川龍之介の『羅生門』と、この『藪の中』を元に、黒沢明と橋本忍が脚本を書き、宮川一夫が撮影、早坂文雄が音楽を担当し、日本映画初となるヴェネツィア国際映画祭金獅子賞と、アカデミー賞名誉賞を受賞し、黒沢明や日本映画が世界で認知、評価されるきっかけとなった。

芥川龍之介は、明治25（1892）年父新原敏三、母ふくの長男として東京の京橋に生まれる。生後間もなく母が精神を病み、母の実家の芥川家に引き取られ、11歳の時に養子となる。東京府立第三中学校、第一高等学校を経て、大正2（1913）年に東京帝国大学文化大学英文科に入学。高校の同期生である菊池寛らと同人誌「新思潮」を創刊した龍之介は、大正3年に同誌上で、処女作『老年』を発表する。

　大正5年に発表した『鼻』で漱石から絶賛され、同年「新小説」に発表した『芋粥』も評価は高く、龍之介は一躍文壇からの注目を集めることになった。大正7（1918）年に塚本文と結婚。俳優の芥川比呂志、作曲家の芥川也寸志は、二人の子供である。

　昭和2（1927）年7月24日、龍之介は田端の自宅で多量の睡眠薬を飲み（青酸カリ自殺の説もある）自ら命を絶った。

　龍之介の死の8年後の昭和10年、当時「文藝春秋」を主宰していた菊池寛は、龍之介の文学への大きな貢献を記念して純文学の新人賞「芥川龍之介賞（通称芥川賞）」を設立した。

　　　　　　　　　　　　　　　　　　　寺山偏陸

● 寺山偏陸（てらやま へんりっく）
1949年11月27日、兵庫県淡路島生まれ。寺山修司義弟。元演劇実験室◎天井棧敷、文芸演出部。作曲家松村禎三に師事、映画音楽の助手を務める。演出家、映像作家。荒木経惟の写真集の編集およびデザインを手掛ける。武医道の府川憲明に師事し、NPO法人・健康法・武医道・理事。パルコ映画「ウンタマギルー」「Pu」や山田勇男監督「蒸発旅日記」などの助監督を務める。著書『へんりっく ブリキの太鼓』（ワイズ出版）

本書の構成

本書は、

　　□ 英日対訳による本文　　　□ 欄外の語注
　　□ 覚えておきたい英語表現　□ MP3形式の英文音声

で構成されています。

　本書は、芥川龍之介の短編小説をやさしく英訳したものにあらためて日本語訳をつけました。そのため、原著とは異なる日本語になっています。

　各ページの下部には、英語を読み進める上で助けとなるよう単語・熟語の意味が掲載されています。また左右ページは、段落のはじまりが対応していますので、日本語を読んで英語を確認するという読み方もスムーズにできるようになっています。またシーンごとに英語解説がありますので、本文を楽しんだ後に、英語の使い方などをチェックしていただくのに最適です。

付属のCD-ROMについて

　本書に付属のCD-ROMに収録されている音声は、パソコンや携帯音楽プレーヤーなどで再生することができるMP3ファイル形式です。一般的な音楽CDプレーヤーでは再生できませんので、ご注意ください。

　■音声ファイルについて

　　付属のCD-ROMには、本書の英語パートの朗読音声が収録されています。本文左ページに出てくるヘッドホンマーク内の数字とファイル名の数字がそれぞれ対応しています。
　　パソコンや携帯プレーヤーで、お好きな箇所を繰り返し聴いていただくことで、発音のチェックだけでなく、英語で物語を理解する力が自然に身に付きます。

　■音声ファイルの利用方法について

　　CD-ROMをパソコンのCD/DVDドライブに入れて、iTunesやx-アプリなどの音楽再生（管理）ソフトにCD-ROM上の音声ファイルを取り込んでご利用ください。

　■パソコンの音楽再生ソフトへの取り込みについて

　　パソコンにMP3形式の音声ファイルを再生できるアプリケーションがインストールされていることをご確認ください。
　　通常のオーディオCDと異なり、CD-ROMをパソコンのCD/DVDドライブに入れても、多くの場合音楽再生ソフトは自動的に起動しません。ご自分でアプリケーションを直接起動して、「ファイル」メニューから「ライブラリに追加」したり、再生ソフトのウインドウ上にファイルをマウスでドラッグ&ドロップするなどして取り込んでください。
　　音楽再生ソフトの詳しい操作方法や、携帯音楽プレーヤーへのファイルの転送方法については、ソフトやプレーヤーに付属のマニュアルやオンラインヘルプで確認するか、アプリケーションの開発元にお問い合わせください。

CONTENTS

Toshishun 9
杜子春

覚えておきたい英語表現　*76*

The Nose *79*
鼻

覚えておきたい英語表現　*124*

In the Woods *127*
藪の中

覚えておきたい英語表現　*184*

文法基礎講座 *187*

Toshishun
杜子春

1

It was the evening of a spring day.

A young man stood near the West Gate of the Tang capital of Luoyang, looking up at the sky. His name was Toshishun. He was once the son of a rich man, but now he was poor. All the money he had was just enough to keep him going from day to day.

At this point in history, Luoyang was the greatest city on the face of the earth. People and carts moved up and down the streets without end. There were fine hats, expensive earrings, and wonderful horses. It was almost as beautiful as a picture.

■Tang 名 唐《中国の王朝。618–907》 ■Luoyang 名 洛陽《地名。現在の河南省》 ■Toshishun 名 杜子春《人名。中国の古典『杜子春伝』に由来》 ■keep ~ going 〜の生活などを立ち行かせる ■from day to day その日その日で ■on the face of the earth 地球上で ■up and down 行ったり来たり ■without end ひっきりなしに

第1章

ある春の日の夕暮れのことでした。

ひとりの若者が、唐の都、洛陽の西の門のそばで、空を見上げて立っていました。名前は杜子春といいます。かつては金持ちの息子でしたが、今ではすっかり貧乏でした。持っているのは、その日その日を過ごすのがやっとの金だけです。

歴史のなかでもこの頃の洛陽は、地上でもっとも栄えた街でした。人々や車が通りをひっきりなしに行き来しています。きらびやかな帽子、高価な耳輪、そしてみごとな馬。まるで絵のような美しさです。

Toshishun

But all this meant nothing to Toshishun. He still stood near the wall of the West Gate. He still looked up at the sky, where he saw the moon, long and white.

Toshishun said to himself, "The sun is going down. I am hungry, and I have no place to stay tonight. If this is all life has for me, I may as well throw myself into the river and die."

Then suddenly—who knows from where—an old man with one bad eye appeared in front of Toshishun. Standing against the setting sun, he threw an enormous shadow on the gate. He looked down into Toshishun's face and said, "What are you thinking?"

■mean nothing to ～にとっては意味がない　■say to oneself ひとりごとを言う　■may as well ～したほうがいい　■stand against ～を背にして立つ

でも、そのどれもが杜子春にはなんの意味もありません。彼はあいかわらず西の門の壁のそばに立っていました。そして、やはり空を見上げると、空には長くて白い月が見えました。

杜子春はひとりつぶやきました。「もうすぐ日が暮れるなあ。腹が減ったし、今夜泊まるところもない。人生がずっとこんなふうなら、川に身を投げて死んだほうがましだな」

そのとき突然──いったいどこから来たのか──片目の不自由な老人が、杜子春の前に現れました。西日を背に立ち、巨大な影を門に投げかけています。老人は杜子春の顔をのぞきこんで、こう言いました。「何を考えているのだ？」

Toshishun replied, "Me? Since I don't have any place to sleep tonight, I was wondering what I should do." The old man's question had caught Toshishun by surprise, and so he had given a straight answer without thinking.

"Is that so? That's too bad," The old man said. And then, after thinking for a second, he pointed at the setting sun and spoke again. "Let me tell you something good. Stand in the setting sun so that you throw a shadow on the ground. At the place where the shadow of your head falls, dig a hole in the dark of night. You will find enough gold there to fill a cart."

■catch someone by surprise 〜を驚かせる　■for a second 少しの間　■let me do 〜させてください　■so that 〜するために

杜子春は答えました。「わたしですか？　今夜寝るところがないので、どうしようかと考えていたのです」老人の問いに驚いた杜子春は、思わず正直に答えました。

　「そうなのか？　それはかわいそうだな」老人は言いました。そしてしばらく考えてから、西日を指して、また語りだしました。「いいことを教えてやろう。地面に影が落ちるように、西日の中へ立ちなさい。そしておまえの頭の影が落ちるところを、夜中に掘ってごらん。荷車いっぱいの金が見つかるだろう」

Toshishun was surprised and said, "Is that true?" But when he looked up, the old man had disappeared. Instead, he saw the moon, which had become whiter than before, and two or three bats flying low in the sky.

■instead 副 そのかわりに　■bat 名 コウモリ　■low 副 低い位置に

杜子春はびっくりして言いました。「本当ですか？」でも見上げたときには、老人の姿はありませんでした。かわりに月が見えます。月はさっきより白くなり、2、3羽のコウモリが空を低く飛んでいました。

2

On that day Toshishun became the richest man in all of Luoyang. It had happened just as the old man had said. In the dark of night, he had dug a hole where the shadow of his head had fallen in the setting sun, and he had found enough gold to fill a cart.

Toshishun soon bought a house and began to live a life of luxury.

When the word spread that Toshishun was rich, a great change took place among his friends. When he was poor, most of his friends would not even say hello if they met him on the street. But now that he was rich, they visited him day and night.

■just as ～のとおりに ■life of luxury ぜいたくな生活 ■word spread that ～という噂が広まる ■take place 起こる ■now that ～した現在では ■day and night 昼も夜も

第 2 章

　その日、杜子春は洛陽中でいちばんの金持ちになりました。老人の言ったとおりになったのです。杜子春は夜の闇にまぎれて、西日で自分の頭の影が落ちたところを掘りました。すると荷車がいっぱいになるほどの金を見つけたのです。

　杜子春はすぐに家を買い、ぜいたくな暮らしを始めました。
　杜子春が金持ちになったという噂が広がると、友人たちの態度が一変しました。杜子春が貧しかったときには、道で出会っても、あいさつさえしない者がほとんどでした。ところが金持ちになったとたん、友人たちは昼も夜もやってくるようになったのです。

Toshishun

With each coming day, the number of visitors increased, until finally every person who could be called important had visited Toshishun's home. A party was held every day of the week, and each party was more wonderful than any Luoyang had ever seen.

But no matter how rich you are, there will come a day when there is no more money to spend. A year passed, and then another, and Toshishun became poorer and poorer. It was then that another great change took place among his friends. Now, even if they were passing in front of his house, they would not stop by to say hello.

In the spring of the third year, Toshishun had spent all of his money and was now without a cent, just as before. In all of Luoyang, there was not a single person who would give Toshishun a place to stay for the night. Even worse, no one would even give him a glass of water.

■no matter how どんなに〜であろうとも ■and then another そしてまた1つ ■stop by 立ち寄る ■not a single person 誰ひとりとして(〜ない) ■even worse さらに悪いことに

日を追うごとに客の数が増え、ついには名士と呼ばれる人で、杜子春の家を訪れたことがない者はひとりもいないほどになりました。毎日欠かさず宴会が催され、そのうえどの宴会も、これまで洛陽で見られたことがないくらい素晴らしいものでした。

　しかし、どんなに金持ちでも、やがては使う金のなくなる日がやってくるものです。1年経ち、もう1年経ちするうちに、杜子春はだんだん貧しくなっていきました。そうなると、友人たちの態度にまた大きな変化が起こりました。今では彼の家の前を通っても、あいさつに寄ろうともしませんでした。

　3年目の春、杜子春は金をすべて使い果たして、以前と同じように文無しになりました。洛陽中を探しても、杜子春を泊めてやろうとする者は、ただのひとりもいませんでした。それどころか、1杯の水をくれる者さえいないのです。

One day in the evening, Toshishun found himself back at the West Gate, looking up at the sky. Then, just as before, the old man with a bad eye suddenly appeared before him and said, "What are you thinking?"

When Toshishun saw the old man's face, he looked down in shame and didn't speak for a while. But, since the old man was kind, and since he was using the same words as before, Toshishun decided to answer in the same way: "Since I don't have any place to sleep tonight, I was wondering what I should do."

The old man said, "Is that so? That's too bad. Let me tell you something good. Stand in the setting sun so that you throw a shadow on the ground. At the place where the shadow of your chest falls, dig a hole in the dark of night. You will find enough gold there to fill a cart."

■find oneself いつの間にか〜する　■in shame 恥じ入って　■since 撥 〜なので　■as before 以前のとおり　■in the same way 同じように　■chest 名胸

杜子春

　ある日の夕方、杜子春は気がつくと、西の門の後ろに立って空を見上げていました。すると、以前と同じように、片目の不自由な老人が突然目の前に現れて、こう言いました。「何を考えているのだ？」

　杜子春は老人の顔を見ると、恥ずかしくなって顔を伏せ、しばらく黙っていました。でも老人がやさしいうえに、前と同じ言葉をかけてくれているので、杜子春は同じように答えようと心を決めました。「今夜寝るところがないので、どうしようかと考えているのです」

　老人は言いました。「そうなのか？　それはかわいそうだな。では、いいことを教えてやろう。地面に影が落ちるように、西日の中へ立ちなさい。そしておまえの胸の影が落ちるところを、夜中に掘ってごらん。荷車いっぱいの金が見つかるだろう」

And as soon as he finished speaking, the old man disappeared, just as he had before.

The next day Toshishun once again became the richest man in Luoyang. And once again he began to lead a life of luxury. Everything was just as it had been before.

And just as before, all the gold that he had found in the ground disappeared in just three years.

■as soon as 〜するやいなや　■lead a life 暮らす

そう言い終えたとたん、老人は前と同じように姿を消しました。

　翌日、杜子春は再び洛陽一の金持ちになりました。そして、再びぜいたくな暮しを始めました。何もかもが以前とまったく同じでした。

　やがて、かつてと同じように、地中で見つけた金はちょうど3年でぜんぶ消えてしまいました。

3

"What are you thinking?"

For the third time the old man with a bad eye appeared in front of Toshishun and asked the same question. Toshishun was, as always, standing by the West Gate, looking up at the moon in the sky.

"Me?" said Toshishun. "Since I don't have any place to sleep tonight, I was wondering what I should do."

■as always いつものように　■stand by ～のそばに立つ　■look up 見上げる

第3章

「なにを考えているのだ？」

　3度目に、片目の不自由な老人が杜子春の前に現れ、同じ問いをしました。杜子春はいつものように西の門のそばに立って、空の月を見上げていました。

　「わたしですか？」と杜子春。「今夜寝るところがないので、どうしようかと考えているのです」

"Is that so? That's too bad. Let me tell you something good. Stand in the setting sun so that you throw a shadow on the ground. At the place where the shadow of your stomach falls, dig a hole in the dark of night. You will find enough gold there to fill—"

When the old man got that far, Toshishun suddenly raised his hand and stopped him. "No, I no longer want money," he said.

"You no longer want money? Ah, so you have grown tired of luxury, I see." The old man looked hard into Toshishun's face as he spoke.

"Tired of luxury?" said Toshishun. "Oh, not me. What I have grown tired of is people."

■stomach 腹 ■get that far そこまで到達する ■no longer もはや〜でない ■grow tired 飽きる ■look hard into 〜をじっと覗き込む

「そうなのか？　それはかわいそうだな。では、いいことを教えてやろう。地面に影が落ちるように、西日の中へ立ちなさい。そしておまえの腹の影が落ちるところを、夜中に掘ってごらん。荷車いっぱいの金が見つかる——」

　老人がそこまで言ったとき、杜子春がいきなり手をあげて、老人の話をさえぎりました。「いいえ、もうお金は欲しくありません」と、彼は言いました。
「もう金は欲しくない？　ほう、では、もうぜいたくに飽きたようだな」老人はそう言いながら、杜子春の顔をじっと見つめました。
「ぜいたくに飽きたですって？」と杜子春。「いいえ、そうではありません。わたしが嫌になったのは人間です」

Toshishun went on. "People don't have feelings—not true feelings. When I am rich, they are kind to me, and smile at me. But when I am poor, they won't even look my way. So who would want to be rich again?"

When the old man heard this, he broke out into a smile. "I see. Well, for someone so young, you learn quickly. From now on then, you will be poor, and you will be happy being poor."

Toshishun didn't know what to say. But finally he looked up and said, "Being poor and being happy at the same time is impossible for me. That is why I want to become your follower. You are a wizard, aren't you? Only a wizard could make me the richest man in Luoyang in one night. Please, make me your follower. Teach me the wonderful ways of wizards."

■go on 言い続ける　■look one's way（人の）ほうを見る　■break out into 急に〜の状態になる　■from now on then これから先は　■at the same time 同時に　■follower 図弟子　■make someone rich（人を）金持ちにする　■way 図術

杜子春は続けました。「人間には情けというものがありません——本当の情け深さがないのです。わたしが金持ちのときには、親切で笑いかけてもくれます。ところが貧乏になると、こちらを見ようともしません。だから、また金持ちになってもしかたがないでしょう？」

　老人はこれを聞くと、急ににやにやと笑いだしました。「なるほど。そうか、その若さにしては、のみ込みが早いな。では、これからは貧乏なままで、貧しく幸せに暮らすのだな」

　杜子春はなんと言ったらいいかわかりません。でも、ついに顔を上げて言いました。「貧しいまま幸せに暮らすなんて、わたしには無理です。ですから、あなたの弟子になりたいと思います。あなたは仙人ですよね？　一晩のうちにわたしを洛陽一の金持ちにすることなど、仙人にしかできません。どうか、わたしを弟子にしてください。不思議な仙人の術を教えてください」

Toshishun

The old man said nothing for a while as he seemed to work out some difficult problem in his head. Then he smiled and said, "You are right. I am the wizard who lives on Mt. Gabisan. I am known as Tekkanshi. The first time I saw your face, I thought you were a man who could learn quickly. That's why I twice made you rich. If you really want to become a wizard, then I will make you one."

These words made Toshishun feel not just glad but happy. As soon as Tekkanshi had spoken his last word, Toshishun fell to the ground before him and thanked Tekkanshi for being so kind.

"Oh, there is no need to thank me," Tekkanshi said. "Even if I take you on as my follower, whether or not you become a wizard is up to you. But, in any case, you should first come with me to Mt. Gabisan. Look, someone has left their bamboo walking stick behind. We can make use of it."

■work out ～をなんとか解決する ■Mt. Gabisan 峨眉山《中国四川省にある山》 ■Tekkanshi 図鉄冠子《人名。中国の仙人左慈の道号に由来する》■take someone on as（人を）～として採用する ■be up to ～次第である ■in any case ともかく ■make use of ～を利用する

老人はしばらく黙りこみ、頭の中で難しい問題を解いているような顔をしました。それから、にっこり笑って言いました。「そのとおり。おれは峨眉山に住む仙人だ。鉄冠子といわれておる。初めておまえの顔を見たとき、のみ込みの早そうな男だと思ってな。それで、2回も金持ちにしてやったのだ。もし本当に仙人になりたいのなら、そうしてやろう」

　この言葉に杜子春は喜んだだけでなく、すっかり幸福な気持ちになりました。老人の最後の言葉を聞くやいなや、地面にひれ伏して、鉄冠子の親切に感謝しました。

　「なに、礼を言う必要はない」鉄冠子は言いました。「おまえを弟子にしても、仙人になれるかどうかは、おまえ次第だからな。だがとにかく、まずは一緒に峨眉山へ来るがよい。ほら、誰かが竹の杖を置き忘れておる。それを使うとしよう」

Toshishun

Tekkanshi picked up the bamboo stick, and after saying some strange words, he and Toshishun got on the stick as if it were a horse. Then the most surprising thing happened. The stick quickly rose up into the sky, almost as if it were a dragon, and went flying off toward Mt. Gabisan.

Toshishun was very surprised by this, and was almost afraid to look down at the ground below. When he did look, he saw blue mountains standing out in the light of the setting sun. Luoyang and its West Gate were nowhere to be seen.

■pick up 拾い上げる　■get on ～に乗る　■as if まるで～であるかのように
■fly off 飛び立つ　■below 副下に　■stand out in ～の中で目立つ
■nowhere to be seen 影も形も見えない

鉄冠子は竹の杖を拾うと、何やら呪文を唱えました。それから、彼と杜子春はまるで馬に乗るように、その杖にまたがりました。すると、このうえなく驚くようなことが起こりました。杖がまるで竜のようにたちまち空に舞い上がり、峨眉山へ向かって飛び立ったのです。

　杜子春はこれに肝をつぶして、地上を見下ろすのが怖いほどでした。それでもなんとか見てみると、西日の中に青い山々がそびえていました。洛陽や西の門はもうどこにも見えません。

Before long, Tekkanshi began to sing a song:

In the mornings, I play in the north sea;
  in the evenings, I go south to Mt. Sogo.
I have a blue snake up my sleeve,
  and a wonderful feeling in my heart.
Three times I have been to Gakuyo Town,
  but no one knew me for who I was.
Now, while singing a song,
  I fly high over Dotei Lake.

■before long　やがて　■Mt. Sogo　蒼梧山《中国湖南省にある山》
■Gakuyo　岳陽《中国湖南省の地名》　■no one　誰も〜ない　■Dotei Lake　洞庭湖《中国湖南省にある淡水湖》

しばらくすると、鉄冠子が歌いだしました。

　　朝は北の海で遊び、
　　　　　夕べには蒼梧山へ行く。
　　袖には青い蛇がのぼり、
　　　　　心は晴れやかだ。
　　3度岳陽の町に入ったが、
　　　　　誰も正体に気づかない。
　　今歌いながら、
　　　　　洞庭湖のはるか上を飛んでいく。

4

The bamboo stick and the two men soon came to rest on an enormous rock at Mt. Gabisan, which looked down into a deep valley. It was so high up that one of the brightest stars looked as big as a tea bowl. All around was quiet, because no one ever came there. The only sound was the singing of a pine tree in the night wind.

Tekkanshi had Toshishun sit down on the rock and said to him, "I am going to see Seiobo, the Mother of Wizards. You stay here until I come back. While I am gone, evil spirits will appear and try to tempt you. Whatever happens, do not say a word. Speak one word, and you cannot become a wizard. Do you understand?"

■come to rest 止まる　■high up ずっと高いところに　■tea bowl 茶碗　■pine tree 松の木　■go to see ～を訪問する　■Seiobo 图 西王母《崑崙山に住むという中国神話の女神》　■evil spirit 悪霊　■tempt 動 ～を誘惑する

第4章

竹の杖に乗ったふたりは、やがて峨眉山に着き、深い谷を見下ろす大きな岩の上に降りました。とても高いところですから、いちばん明るい星のひとつが茶碗のように大きく見えます。来る者などいないので、あたり一面がしんと静かでした。聞こえるのは、松の木が夜風に吹かれて鳴る音だけです。

鉄冠子は杜子春を岩の上にすわらせて、こう言いました。
「おれは仙人の母、西王母に会いに行ってくる。おまえはおれが戻るまでここで待っているのだ。おれがいない間、悪霊が現れて、おまえを惑わそうとするだろう。だが、何があっても口をきいてはならん。一言でも口をきいたら、仙人にはなれないぞ。わかったか？」

Toshishun

"I understand," Toshishun answered. "No matter what, I will not speak. No matter what, I will not say a word."

"Yes, that's it," said the old man. "Now I am off to the Mother of Wizards." With that, Tekkanshi got on the bamboo stick and flew straight toward the dark mountains that stood out against the night sky.

Toshishun was left by himself on the rock. An hour passed, and the cold mountain air began to make its way through his light clothes.

Then, Toshishun heard a voice.

"Who is that sitting there?"

It was an angry voice. But Toshishun said nothing, just as he had been taught by the old man.

■no matter what たとえ何があろうと　■off to ～へ出かける　■stand out against ～を背景にそびえ立つ　■left by oneself ひとりで取り残される　■make one's way through ～を通り抜ける

「わかりました」杜子春は答えました。「何があっても口をききません。何があっても、一言もしゃべりません」

「よし、それでよい」と老人。「では、おれは仙人の母のところへ行ってくるぞ」そうして鉄冠子は竹の杖に乗り、夜空を背にそそり立つ暗い山々へ向かって、まっすぐ飛んでいきました。

杜子春は岩の上にひとりで残されました。1時間経つと、冷たい山の空気が薄い服を通して沁みてきました。

そのとき、杜子春の耳に声が響きました。
「そこにすわっているのは誰だ？」
怒った声です。でも、杜子春は老人に教えられたとおり何も言いませんでした。

Toshishun

After a while, he heard the same voice again. "Answer now or prepare to die."

Still, Toshishun said not a word.

Suddenly a tiger leaped up onto the rock. Its eyes were bright and angry. It looked hard at Toshishun, and let out a terrible cry.

But that was not all. An enormous white snake appeared and came toward him. Its tongue danced in and out of its mouth, the way a fire flickers at the windows of a burning building.

But Toshishun continued to sit where he was, not moving even one finger.

It seemed that the tiger and the snake both wanted the same thing—to have Toshishun for dinner. They each waited for their chance, looking hard at each other. Then, suddenly, they both came toward him.

■or 或 さもなければ　■prepare to die 死を覚悟する　■leap up 跳び上がる
■look hard at 〜をじっと見る　■let out a cry 吠える　■that is not all それだけではない　■flicker 図 揺らめく光　■it seems that 〜と思われる

しばらくすると、再び同じ声がしました。「今すぐ答えるのだ。さもなければ死を覚悟しろ」

それでも杜子春は一言も口をききませんでした。

するといきなり、虎が岩の上に跳び上がってきました。その目はぎらぎらと怒りに燃えています。杜子春をじっと見つめると、恐ろしい声で吠えました。

ところが、それだけではありませんでした。巨大な白蛇が現れて、こちらへ向かってきたのです。蛇の舌は、燃える家の窓に揺らめく炎のように、ちろちろと口から出たり入ったりしています。

それでも杜子春は指1本動かさず、その場にじっとすわり続けました。

虎も蛇も同じことがしたいようでした——杜子春を晩飯に食べたいのです。2匹は互いににらみあって機会をうかがっています。すると次の瞬間、両方が杜子春に飛びかかってきました。

Toshishun

Toshishun wondered which would get him first—the tiger or the snake. But then, all at once, both of them disappeared into the air, as if they had never been there at all. All that was left was the singing of the pine tree.

Toshishun was happy that he had come through the experience alive. Yet he couldn't help wondering what would happen next.

Just then, a terrible wind came up, and a black cloud came down to the ground and spread all around Toshishun. Next, the cloud was cut in half by a bright light, and a sound like a thousand drums came from the sky.

■all at once 忽然と ■(not) at all まったく〜ない ■come through（困難などを）切り抜ける ■yet 際とはいえ ■can't help doing 〜せずにはいられない ■come up 生じる ■cut in half 半分に裂く ■sound like 〜のような音がする

杜子春はどちらが先に自分を食べるのだろうと思いました——虎か、もしくは蛇か。ところがそのとき、2匹とも忽然と空中にかき消えたのです。もともと何もいなかったかのように。あとには、松の木の鳴る音がするだけでした。

　杜子春は、その出来事を生きて切り抜けることができたので喜びました。とはいえ、次に何が起こるのだろうと思わずにはいられません。
　ちょうどそのとき、ひどい風が吹きあがり、真っ黒な雲が地面に下りてきて杜子春のまわりに広がりました。次の瞬間、まばゆい稲妻の光で雲がふたつに裂け、千の太鼓を打つような音が空からとどろきました。

Toshishun

But that was not the end of it. It began to rain so hard that Toshishun thought it would never stop. But he was not afraid. Even in the hard rain, he sat quietly and did not move.

There was the sound of the wind, the rain and the water, and the bright lights going across the sky. It seemed that Mt. Gabisan would never be the same again. Finally, there was another loud sound in the sky, and a ball of fire fell straight down toward Toshishun's head.

Toshishun put his hands over his ears and threw himself down on the rock. When he finally opened his eyes, he saw the sky as it was before, without a single black cloud. And high over the mountains was that same star, as big as a bowl for drinking tea.

■would never 決して〜なさそうである ■go across 横断する ■ball of fire 火の玉 ■throw oneself down 〜に身を伏せる ■without a single 少しの〜もなく

でも、それで終わりではありませんでした。ひどく激しい雨が降りだして、もうやむことはないと思えるほどです。それでも杜子春は恐れません。豪雨の中でも、静かにすわって動きませんでした。
　風の音、雨と大水、そして空いっぱいに広がる稲妻の光。峨眉山はもう二度と同じ姿に戻りそうにありません。ついに、もう１回大きな雷鳴が空に響いたと思うと、火の玉が杜子春の頭に向かってまっすぐ落ちてきました。

　杜子春は両手で耳を覆い、岩に身を伏せました。そしてようやく目を開けると、前と同じような空が見え、黒雲がひとつ残らず消えていました。山々のはるか上には、茶碗のように大きな、あの同じ星が光っています。

Toshishun

It seemed to Toshishun that everything that had happened—the tiger, the snake, the wind and rain—was all the work of evil spirits. It was not real. This thought made him happy, and he sat down on the rock again.

But Toshishun did not feel happy for long. This time a terrible demon warrior that was nine meters tall appeared before him. It was dressed in gold armor and carried a spear that had three points.

With anger in his eyes, the demon warrior pointed the spear at Toshishun's heart and said, "You there. Who do you think you are? Mt. Gabisan has been my home since the beginning of time. Now I find you here. Tell me who you are or lose your life."

■it seem to someone that（人には）～のように思える　■work of ～の仕業
■warrior 名武人　■dress in ～を着ている　■armor 名よろい　■spear 名槍
■point 名突端　■point ~ at ～を突きつける　■you there そこのあなた
■Who do you think you are? 何様のつもりだ。

起きたことはすべて――虎も、蛇も、風と雨も――悪霊の仕業らしいと杜子春は思いました。現実のものではなかったのです。こう考えるとうれしくなって、彼は再び岩の上にすわりました。

　ところが、その喜びも束の間でした。今度は身長9メートルもある武人姿の神将*が目の前に現れたのです。金のよろいに身を包み、三つ又の槍を持っています。

　目に怒りをたたえながら、神将は槍の先を杜子春の胸に向けて言いました。「おい、そこのおまえ。自分を何様だと思っている？　峨眉山は、世の始めからおれの住まいと決まっているのだぞ。なのに、そのようなところにいるとは。名を名のれ、さもないと命はないぞ」

---

* 神将：薬師如来を守護する武神

But Toshishun did just as the old man had told him to do—he kept his mouth closed.

"So you are not going to answer? I see," said the demon warrior. "If that is the way you wish it, my followers must cut you into pieces."

The demon warrior raised his spear above his head, and his followers rose up from the mountains and filled the sky. Any minute they would come down and begin the work of cutting Toshishun into pieces.

Seeing this, Toshishun wanted to cry out for help, but then he remembered Tekkanshi's words. When the demon warrior saw that Toshishun was not afraid, he became so angry that his eyes grew big in his head.

■keep one's mouth closed 口を閉ざしておく　■cut ~ into pieces ～をずたずたに引き裂く　■any minute 今すぐにも　■cry out for help 助けを求めて叫ぶ　■grow big 大きくする

しかし杜子春は、老人の言いつけを守るだけでした——口を堅く閉ざしていたのです。
　「では、答えないつもりか？　よし、わかった」と、神将は言いました。「おまえがそういうつもりなら、おれの従者どもが、おまえをずたずたに切り刻むことになるぞ」
　神将が槍を頭の上に持ち上げると、従者たちが山々から現れて空を満たしました。今にもこちらへ下りてきて、杜子春を切り刻む仕事にかかろうとしています。

　これを見た杜子春は、助けを求めて叫びたくなりました。でもそのとき、鉄冠子の言葉を思い出したのです。神将は杜子春が恐れないのを見ると、怒りのあまり目を大きく見開きました。

"If you are going to be that way, then there is only one thing for me to do." The demon warrior then raised his spear, and with one quick move, he killed Toshishun.

In the next second the demon warrior disappeared, leaving behind nothing but a terrible laugh. Even his followers had gone, as if they were just a dream.

The big star in the sky looked down on Mt. Gabisan, spreading its light over the rock. The pine tree sang in the wind. Toshishun was still on the rock, his dead eyes looking up toward the sky.

■in the next second 次の瞬間　■leave behind 〜を後に残す　■nothing but 〜だけ　■laugh 名笑い声　■spread 動(光などが)広がる

「おまえがそういうつもりなら、おれはこうするまでだ」神将は槍を持ち上げると、すばやい一突きで、杜子春を殺しました。

次の瞬間、神将の姿は消え、あとには恐ろしい笑い声だけが残りました。従者たちさえいなくなり、何もかも夢にすぎないかのようでした。

空の大きな星が峨眉山を見下ろし、岩の上に光をまき散らしました。松の木が風に吹かれて鳴っています。杜子春は岩の上でじっとしたまま、死んだ目で空を見上げていました。

5

Toshishun's dead body was still on the rock, but his spirit had already begun its fall down to Hades. Between this world and the world of Hades, there is a road that all people must travel. It is called the Road of the Dark Hole. No light falls on this road, and the wind there blows cold as ice.

Toshishun's spirit was carried like a leaf on the cold wind, going this way and that, until it came to rest in front of a large building. On the building was a sign that read, "Never Ending Place."

■spirit 名魂 ■Hades 名地獄 ■Road of the Dark Hole 闇穴道《この世と地獄とを結ぶ道》 ■this way and that あちらこちらへ ■sign 名看板

第5章

　杜子春の亡骸はそのまま岩の上にありましたが、彼の魂はすでに地獄へ落ち始めていました。この世と地獄の間には、すべての人が通らねばならない道があります。それは闇穴道(あんけつどう)と呼ばれています。この道には光がなく、氷のように冷たい風が吹いているのです。

　杜子春の魂は冷たい風に運ばれる木の葉のように、あちらこちらへ漂っていましたが、とうとう大きな御殿の前で止まりました。御殿には、「果てしない場所(森羅殿(しんらでん))」と書いた額がかかっています。

In front of Never Ending Place was an enormous number of devils. As soon as the devils saw Toshishun, they came around him. They brought him before a creature dressed in black and gold clothes. Toshishun was sure that this was the King of Hades. Afraid of what would happen next, Toshishun fell to the ground before the King.

"Who are you and why have you come to Mt. Gabisan?" The voice of the King of Hades was enormous, like the sound of a thousand drums. Toshishun was getting ready to answer the question, but then he remembered his promise to Tekkanshi. So Toshishun simply looked down and said nothing.

■enormous 形巨大な　■come around やって来る　■creature 名生き物
■be sure that きっと～だと思う　■get ready to ～する用意をする

森羅殿の前には、おびただしい数の鬼がいました。鬼は杜子春を見るなり、近づいて取り囲みました。そして、黒と金の着物を着た人物の前へ杜子春を連れていきました。杜子春は、これが地獄の王（閻魔大王）に違いないと思いました。次に何が起こるのかと恐れながら、杜子春は王の前にひれ伏しました。

「おまえは誰か、そして、なぜ峨眉山へ来たのか？」閻魔大王の声はとても大きくて、千の太鼓を打つような音でした。杜子春はすぐ答えようとしましたが、そのとき鉄冠子との約束を思い出しました。そこで、杜子春はただ下を向いて黙っていました。

Toshishun

The King of Hades looked hard at Toshishun. "Do you understand where you are? Answer quickly or you will be sorry you were ever born."

Still, Toshishun said not a word. Seeing this, the King of Hades spoke to the devils in a low voice. The devils quickly took hold of Toshishun and flew high into the sky above the Never Ending Place.

As we all know, in Hades there are places like Sword Mountain, Blood Lake, Fire Valley, and Ice Sea. They are all to be found in the dark, black sky above Never Ending Place. Toshishun was dropped into these places, one after another. His body became one enormous pain—his head, his face, his tongue, his chest, his skin.

Still, Toshishun said not a word.

■be sorry 後悔する　■say not a word 一言も話さない　■take hold of ～をつかむ　■as we all know 言うまでもなく　■drop into ～に放り込む　■one after another 次々と

閻魔大王は杜子春をにらみつけました。「自分がどこにいるか、わかっているのか？　さっさと答えろ。さもないと、生まれたことさえ後悔することになるぞ」

それでも、杜子春は一言も口をききませんでした。これを見て、閻魔大王は低い声で鬼に何かをささやきました。鬼はすばやく杜子春をつかまえると、森羅殿の上空へ高く舞い上がりました。

誰もが知っているように、地獄には、剣の山や、血の池や、火の谷や、氷の海のようなところがあります。それらはすべて、森羅殿の上の真っ暗な空の中にあるのです。杜子春はそういうところへ次から次へと落とされました。体中が激しい痛みに襲われました——頭も、顔も、舌も、胸も、皮膚も。

それでも、杜子春は一言も口をききません。

The devils had done everything they could to make Toshishun speak. They could do no more. So once again they flew up into the sky, but this time they flew back to where the King of Hades was waiting. With one voice, the devils said, "This human will not speak, no matter how much pain we cause him."

The King of Hades made a terrible face and fell into thought. Then he seemed to have an idea. "This human's mother and father are here in Hades. Bring them before me."

As soon as the King of Hades had spoken, one devil flew like the wind up into the dark night. But no sooner had the devil gone than it was back again, driving two poor creatures before it.

■with one voice 声をそろえて　■fall into thought 物思いにふける　■no sooner ~ than ～するやいなや　■drive 動 ～を追い立てる　■poor 形 哀れな

鬼たちは杜子春をしゃべらせるため、できることはなんでもしましたが、ついに万策が尽きました。そこで鬼たちは再び空に舞い上がり、今度は閻魔大王が待っているところへ戻ってきました。そして、異口同音にこう言いました。「この人間は、どれほど痛めつけても口をきこうとしません」

　閻魔大王は顔をしかめて考えこみました。すると、何か思いついたようです。「この人間の母親と父親がこの地獄にいる。ふたりをここへ連れてこい」

　閻魔大王が命じるやいなや、1匹の鬼が風のように暗い夜の中へ飛んでいきました。でも行ったと思うとすぐに、2匹の哀れな動物を追いたてながら戻ってきました。

Toshishun

When Toshishun saw the two creatures, he was more shocked than surprised. They looked like horses, but their faces were the faces of his own mother and father.

"Now, I ask again. Who are you and why have you come to Mt. Gabisan? If you do not answer quickly, your mother and father will be sorry."

Still, Toshishun did not answer.

"Do you think nothing of your mother and father? You think only of yourself?" The voice of the King of Hades was enormous, like the sound of a thousand drums.

Then the King of Hades gave an order to the devils. "Strike them, devils. Make them feel pain—terrible, terrible pain."

■now 間 さあ ■sorry 形 悲しい ■still 副 それでも ■think nothing of 〜をなんとも思わない ■think only of oneself 自分のことしか考えない ■give an order to 〜に命令する ■strike 動 打つ

杜子春はその2匹の動物を見て、驚くというより、衝撃を受けました。馬のように見えますが、その顔は自分の父と母の顔だったのです。

「さて、もう一度聞くぞ。おまえは誰で、なぜ峨眉山に来たのだ？ すぐに答えなければ、おまえの父母が悲しむことになるぞ」
　それでも、杜子春は答えませんでした。
「父や母のことをなんとも思わないのか？ 自分のことしか考えないのか？」閻魔大王の声はとてつもなく大きく、千の太鼓を打つ音のようでした。

　それから閻魔大王は鬼たちに命じました。「そいつらを打て、鬼よ。痛めつけろ──とことん痛めつけるがよい」

Toshishun

In one voice, the devils shouted, "Haaa." They picked up their whips and struck the two horses. The whips sang as they cut through the air and fell on the bodies of the horses—here, there, everywhere.

The horses—that is, Toshishun's mother and father—turned their bodies this way and that to keep away from the whips. Their eyes filled with tears of blood. They cried out in voices that would break your heart.

The King of Hades ordered the devils to stop and turned to Toshishun. "Now, are you ready to speak?"

The two horses were on the ground before the King. Their pain was a pain no one should ever have to feel.

■whip 図鞭　■cut through the air 空を切る　■this way and that あちこちへ　■keep away from ～を避ける　■break someone's heart ～の心を打ち砕く

鬼たちは声を合わせて「ははあっ」と叫びました。そして鞭を取り上げ、2頭の馬を打ちました。鞭がひゅうと音をたてて空を切り、馬の体に当たります——ここに、そこに、そして体中に。

　馬たち——つまり、杜子春の母と父——は鞭から逃れようと、あちらこちらへ転がりました。目には血の涙があふれています。その叫び声を聞くと、こちらの胸が張り裂けそうです。

　閻魔大王は鬼にやめるよう命じ、杜子春を振り返りました。「さあ、話す気になったか？」

　2頭の馬は、王の前で地面に倒れています。その痛みは、誰も受けるべきではないような痛みです。

Toshishun

Closing his eyes, Toshishun tried his best to remember Tekkanshi's words. Then he heard a voice. The voice was so low, so quiet, that it was almost not a voice at all. "Don't worry yourself. No matter what happens to us, don't worry—as long as you are happy. No matter what the King says, don't speak. Not if you don't want to."

It was the voice of Toshishun's mother, a voice he remembered so well. Without thinking, he opened his eyes. One of the horses looked sadly toward him. Even now, even in such great pain, Toshishun's mother thought only of her son.

■try one's best 全力を尽くす　■almost not ~ at all ほとんど〜とはいえない
■worry oneself 心を痛める　■as long as 〜である限りは

杜子春は目を閉じて、鉄冠子の言葉を必死に思い出そうとしました。すると、声が聞こえてきたのです。とても低くて、か細いので、ほとんど声とは思えないほどです。「心配いらないよ。わたしたちに何があっても、気にしないでおくれ——おまえさえ幸せなら、それでいいんだよ。大王さまがなんと言おうと、口をきかなくていい。おまえが話したくないなら、話さなくていいよ」
　それは杜子春の母の声でした。とてもよく覚えている声です。思わず彼は目を開けました。１頭の馬が悲しそうに自分を見つめています。今、これほどひどい痛みに苦しんでいるときでさえ、杜子春の母は息子のことだけを考えているのです。

When he was rich, people liked Toshishun. When he was poor, they no longer wanted to talk to him. But his mother, she thought of him always, no matter what the time, no matter what the place. What a wonderful person she was! What a good and simple human being!

Toshishun forgot the words of Tekkanshi. He ran to his mother and put his arms around her. Tears fell from his eyes as he cried, "Mother!"

■human being 人間　■put one's arms around 両腕で抱きしめる

杜子春が金持ちのとき、人々は彼をちやほやしました。でも貧しくなると、もう話しかけもしませんでした。でも母は、どんなときでも、どこにいても、いつも杜子春のことを考えてくれているのです。なんと素晴らしい人でしょう！なんと人間らしく誠実な人でしょう！

　杜子春は鉄冠子の言葉を忘れました。母のほうへ走り寄り、両手で抱きしめました。そして目から涙を流しながら、「お母さん！」と叫んだのです。

6

The moment he heard his own voice say "Mother," Toshishun found himself back under the West Gate of Luoyang. Everything was just as it had been before he went to Mt. Gabisan—the setting sun, the sky, the moon, the people and the carts.

"What did I tell you? Just because you become my follower doesn't mean you can become a wizard." The old man with one bad eye smiled as he spoke.

"Yes, you are right," Toshishun said. "You are right, and I am glad that you are right."

■just because ~ doesn't mean… ～だからといってまだ…というわけではない
■glad that ～のことがうれしい

第6章

　　自分の「お母さん」という声を耳にした瞬間、杜子春は気がつくと、洛陽の西の門の下に戻っていました。何もかもが、峨眉山へ行く前とすっかり同じです——西日も、空も、月も、人々や車も。

「おれはなんと言ったかな？　弟子になったからといって、仙人になれるとは限らないのだ」片目の不自由な老人が微笑みながら言いました。

「はい、おっしゃるとおりです」杜子春が言ました。「おっしゃるとおりですし、それでよかったと思います」

Toshishun

With tears in his eyes, Toshishun took the old man by the hand. "Even if it means I cannot become a wizard, I could not stand by while my mother and father were being put through such pain."

"If you had just stood by and said nothing…" Tekkanshi said, looking hard at Toshishun. "If you had just stood by and said nothing, I would have killed you myself. So, you don't want to be a wizard anymore. And you no longer want to be rich. What do you want to be?"

"No matter what I am, I want to live a good and simple life." Toshishun's voice had something in it that had not been there before.

"Don't forget that thought—don't let it go," Tekkanshi said. "Well, we will not be seeing one another again." And with that, Tekkanshi turned and walked quickly away.

■take someone by the hand（人の）手を取る　■stand by 傍観する　■put through ～を受けさせる　■let it go 手放す　■see one another 会う　■turn and walk away 背を向けて立ち去る

目に涙をためながら、杜子春は老人の手を取りました。「たとえ仙人になれなくても、父と母があんなに痛めつけられているのに、黙って見てはいられません」

「もしおまえが黙って見ていたら……」鉄冠子は、杜子春をじっと見つめながら言いました。「もしおまえが黙って見ていたら、おれがおまえを殺していただろうよ。さて、おまえはもう仙人になりたくはないだろう。そして、もう金持ちにもなりたくはない。では何になりたいかね？」

「何になっても、人間らしく正直に生きたいと思います」杜子春の声には、以前にはなかったものがありました。

「その思いを忘れるな——しっかり覚えておくのだぞ」と鉄冠子。「では、もうお互い会うことはないだろう」そう言うと、鉄冠子は背を向けて足早に歩いていきました。

Toshishun

But then he stopped and looked back. "Ah, I just thought of something," he said, with a smile on his face. "I have a little house in the south, on Mt. Taizan. It is yours, along with the fields around it. The peach trees there are pretty at this time of year."

■Mt. Taizan　泰山《中国山東省にある山》　■along with　〜と一緒に　■at this time of year　この季節に

でもやがて立ち止まり、こちらを振り返りました。「ああ、いま思い出したんだが」と、笑顔で言いました。「おれは南のほうにある泰山に小さな家を持っている。まわりの畑と一緒におまえにやろう。今ごろはちょうど、桃の花がきれいに咲いているだろう」

覚えておきたい英語表現

> *Since* I don't have any place to sleep tonight, 〜　(p. 14, 1行目)
> 今夜寝る場所がないから〜

【解説】

　鉄冠子に尋ねられるたびに杜子春が答える言葉です。sinceは、よく時を表す表現と共に用いられて「〜以来」という意味を表しますが、ここでは「〜なので」と原因・理由を表しています。

　学校では、because 〜「なぜなら〜なので」を最初に学ぶので、日本人は理由を表現する時にbecauseばかりを使いがちです。しかし、英語のネイティブスピーカーは場面に応じてsinceとbecauseを使い分けるので紹介しましょう。

① I couldn't go swimming *because* I caught a cold.
② *Since* I caught a cold, I couldn't go swimming.

　どちらも「風邪をひいていたから泳ぎに行けなかったよ」と訳すことができますが、becauseは「聞き手にとって未知の情報」を伝える時に使いますから、①番を用いた文の場合は「風邪を引いていたからだ」という理由を相手に強調したい文になります。

　それに対して②番のSinceが導く部分は、「聞き手も知っている情報」を伝えます。つまり「ほら君も知っている通り、私は風邪をひいてたじゃない？　だから泳ぎに行けなかったよ」と、結果を強調する表現になります。

　ちなみに"Why 〜?"という質問文に答える際に、単独で理由を述べる場合"Since 〜"とは言わずに"Because 〜"と答えるのは「聞き手が理由を知らない」からです。

　以上のような使い分けをすることが多いため、sinceで理由を表す場合は文頭に、becauseは文の後ろに置くことが多いです。ぜひbecauseとsinceを積極的に使い分けてください。

覚えておきたい英語表現

> *I was wondering* what I should do. （p. 14, 2行目）
> どうしたものかと考えていたのです。

【解説】

wonder

wonderはwhatなどの疑問詞を伴って「〜かしらと思う」という意味を表します。"what I should do"で「何を私はするべきか」という意味です。wonderは日本人にも馴染みが深い単語ですが、下の例のように名詞としても動詞としても使いますので、注意してください。

- ●名詞　He shook his head in *wonder*.
  彼は驚きあきれて首を振った。

- ●動詞　I *wonder* how many people will come here.
  何人くらいの人がここに来るだろうか。

  I *wonder* if he will come here.
  彼は来るかな。

wonder if 〜

wonder ifは「〜かな？　どうかな？」と疑問に思っている時にとても便利な表現です。さらにこのwonder ifを用いた便利な日常表現をご紹介しましょう。

> *I was wondering if* you could help me.
> お手伝いいただけないですか。

> *I was wondering if* you could join me for dinner tomorrow.
> 明日僕と一緒に食事でもどうかな？

過去形を用いていますが、実際には現在のことを尋ねていることに注意してください。wonderを過去進行形で用いることで、かなり控えめな気持ちで相手に依頼や提案を持ちかける表現になります。自分の気持ちを伝える表現をたくさん知っておいて損はありません。ぜひwonderを自分のものにしてください。

The Nose
鼻

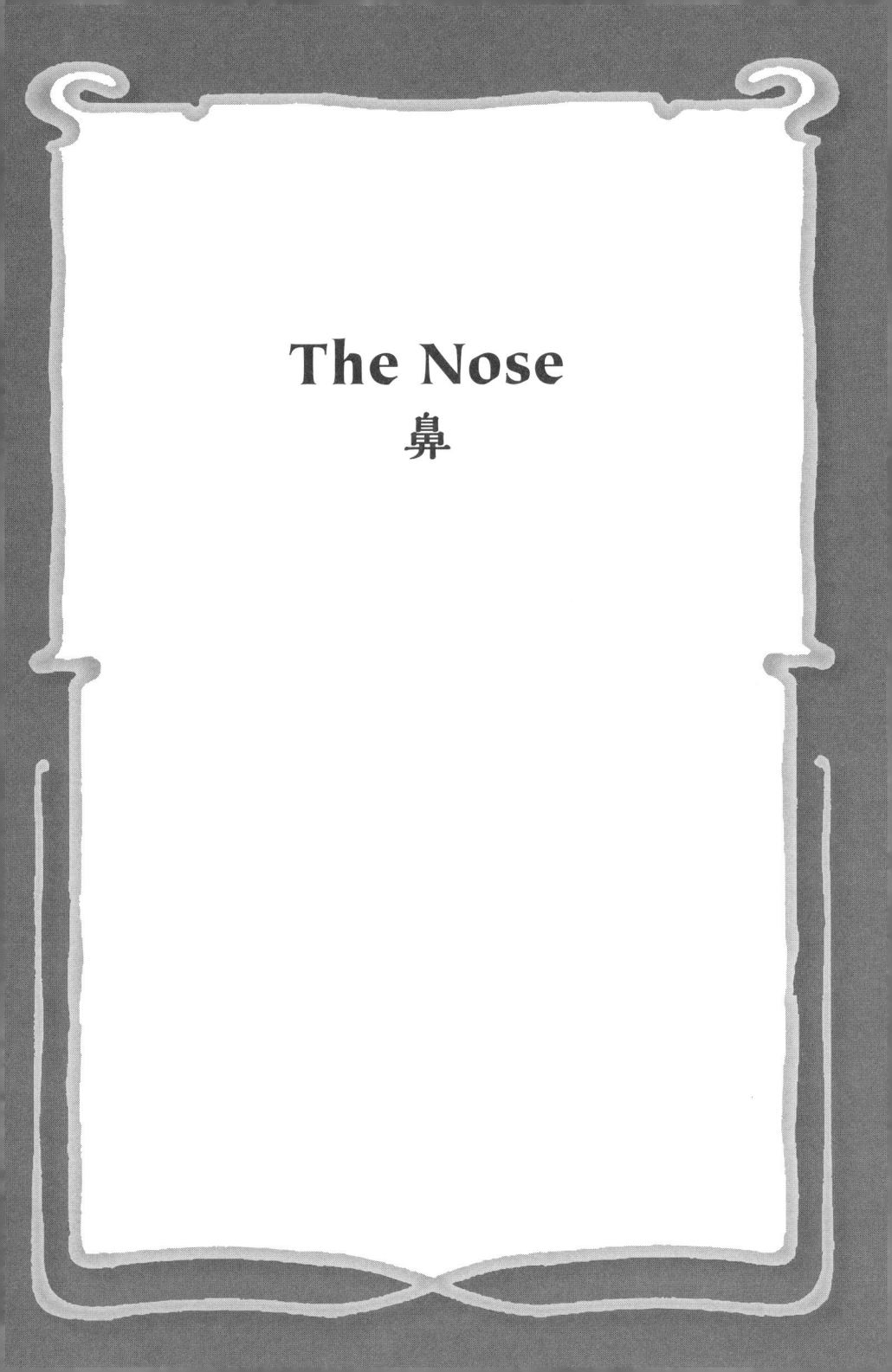

The Nose

There was no one in Ike-no-o Town who didn't know about Priest Zenchi's nose. It was between fifteen and eighteen centimeters long and hung from above his upper lip down to his chin. It was the same size around from one end to the other. In fact, Priest Zenchi's nose looked very much like a sausage that was growing from the middle of his face.

■Ike-no-o 池尾《地名》 ■priest 僧侶 ■Zenchi 禅智《人名》 ■hang from ~ to… ～から…まで垂れ下がる ■one end to the other 端から端まで ■sausage ソーセージ

鼻

　　　尾の町で、禅智内供＊の鼻のことを知らない者はいな
池かった。鼻の長さは15～18センチくらいで、上唇
の上から、あごにかけてぶら下がっている。太さは端から
端まで変わらない。つまり、禅智内供の鼻は、まるでソー
セージが顔の真ん中から生えているようなのである。

＊ 内供：宮中で天皇に
　　仕える高僧

The Nose

Zenchi was now over fifty years old. Ever since he was a young monk, he had not liked his nose. But that was something that he did not want people to know. After all, he was a priest and should be thinking about more important matters. But more than that, he didn't want people to know that he was almost always thinking about his nose. Even when he talked with people, he was afraid that someone would bring up the subject of noses.

Priest Zenchi did not like his nose for two reasons. One was simply because a long nose caused a lot of trouble. He could not, first of all, eat by himself. If he did eat by himself, his nose would fall right into his bowl of rice. So Zenchi would have someone sit across the table from him and hold up his nose with a piece of wood sixty centimeters long. This was not an easy thing

■ever since 〜からずっと　■monk 図修行僧　■bring up 言い出す　■first of all まず第一に　■fall into 〜に落ちる　■bowl of rice ごはん茶碗　■hold up 持ち上げる

鼻

　禅智は今では50歳を過ぎていた。若い修行僧の頃からずっと自分の鼻が嫌いだった。でも、それを人に知られたくはない。なんといっても僧なのだから、もっと大事なことを考えているべきである。だがそれ以上に、自分がほとんどいつも鼻を気にしていることを、人に知られたくなかったのだ。人と話しているときでさえ、誰かが鼻のことを言い出しはしないかと恐れていた。

　禅智内供が自分の鼻を嫌うのには、ふたつの理由がある。ひとつは単純に、長い鼻のせいで不便なことが多いからだ。まず第一に、ひとりで食事ができない。ひとりで食べると、鼻が飯茶碗の中へすとんと落ちてしまう。だから禅智は、向かい側に誰かをすわらせて、長さ60センチの板で鼻を持ち上げてもらっていた。これは、持ち上げる者にとっても、内

The Nose

to do, either for the person holding the piece of wood or for the Priest himself. Zenchi once had a boy monk hold the piece of wood, but when the boy sneezed and lost his hold on the wood, he dropped Zenchi's nose straight into the rice. The story about Priest Zenchi's nose falling into a bowl of rice soon spread all the way to Kyoto.

But the trouble it caused was not the most important reason for Priest Zenchi not liking his nose. The most important reason was that his nose was not part of the image that he had of himself. For example, people living in Ike-no-o Town said that Zenchi was lucky to be a priest. They thought that if he were not a priest and he wanted a wife, he would never be able to find one because of his

■boy monk 少年僧　■sneeze 動くしゃみをする　■spread 動(噂などが)広まる　■all the way to はるばる〜まで　■part of image イメージの一部
■would never 決して〜ないだろう

供にとっても、なかなか簡単なことではない。あるとき修行僧の少年に板を持たせていると、その少年がくしゃみをして手から板を放してしまい、禅智の鼻をご飯の中へすとんと落としてしまった。禅智の鼻が飯茶碗の中へ落ちたという話は、たちまち京都にまで広まった。

　しかし、不便だということが、禅智内供が自分の鼻を嫌うもっとも大きな理由ではなかった。いちばん大きな理由は、自分の持つ自己像、つまり自尊心にこの鼻が合わないことだった。たとえば池尾の町に住む人々は、禅智は僧で幸せだと言う。もし僧ではなくて、妻を持とうとしたら、長い鼻のせいで相手が見つからないだろうと思ったからだ。

The Nose

long nose. Some people even said that Zenchi may have become a priest in the first place because of his nose. But Zenchi himself thought that the trouble his nose gave him was about the same, priest or no priest. The image that Zenchi had of himself was too strong to be changed by whether or not he could get a wife.

Zenchi tried many things to keep this image as perfect as it could be. First, he thought of how he might make his nose look shorter than it really was. When no one was around, he would look at his face in a mirror this way and that. He tried to find the best way of holding his head to make his nose look different. But he soon grew tired of that. Next, he tried resting his chin on his hand or putting his fingers along his jaw.

■in the first place　最初から　■A or no A　Aであろうとなかろうと　■whether or not　～かどうか　■this way and that　あちこちへ　■grow tired of　～に疲れる　■chin　图あごの先端　■jaw　图あご全体

なかには、禅智ははじめから鼻のせいで僧になったのかもしれないと言う者さえいた。でも禅智自身は、僧であろうとなかろうと、鼻のせいで受ける苦しみはほとんど変わらないと思っていた。禅智の持つ自尊心はとても強いので、妻を持てるかどうかで左右されはしないのだ。

禅智はこの自尊心をできるだけ完璧に保つために、いろいろなことを試していた。はじめに、どうしたら鼻を実際より短く見せられるか考えた。まわりに人がいないときに、鏡に顔を映して、あちらを向いたりこちらを向いたりしてみた。鼻が違って見えるような、いちばんいい頭の角度を見つけようとした。でもしばらくすると、それにも疲れてくる。次に、頬杖をついたり、あごに指を添えてみたりした。そして少しでも鼻が小さく見えるかと、じっと

The Nose

He looked hard into the mirror to see if this made his nose look any smaller. But his nose never looked smaller, not even once. There were even times when he thought that his nose was getting longer, no matter how hard he tried. When this happened, Zenchi would put the mirror away, sigh to himself, and return to his desk to read a sutra.

Second, not only did Priest Zenchi worry a lot about his own nose, he thought a lot about other people's noses, too. The temple in Ike-no-o was visited by a good number of priests and common people. Many priests lived there, and there was a bath house that was used every day. Priest Zenchi looked with great care at each person who came to the temple. If he could find just one who had a nose like his, he would be very happy. In Zenchi's eyes, clothing, hats, and such things were not important.

■see if 〜かどうかを見る ■not even once 一度もない ■put 〜 away 〜を片付ける ■sigh to oneself ひとりため息をつく ■sutra 图経典 ■not only 〜だけでなく ■good number かなりの数 ■common people 一般人 ■great care 細心の注意

鏡をのぞき込んだ。だが、鼻が小さく見えたことは、ただの一度もなかった。懸命に試しているにもかかわらず、かえって鼻が長くなったように感じるときさえある。このようなことがあると、禅智は鏡をしまってひとりため息をつき、経典を読みに机に戻るのだった。

　次に、禅智内供は自分の鼻を気にするだけでなく、他人の鼻のこともひじょうに気にかけていた。池尾の寺には僧や一般の人々がたくさん訪れた。多くの僧が住んでいるし、毎日のように人々が湯あみする湯屋もある。禅智内供は、寺に来るひとりひとりを細心の注意をもって見つめた。自分と同じような鼻を持つ人をひとりでも見つけたら、どんなにうれしいだろう。禅智の目には、着物や、帽子や、その類のものは大事ではない。それどころ

The Nose

In fact, Priest Zenchi did not really look at people or their clothes; he looked only at their noses. While he found some noses that pointed down like his did, he didn't find any that were close to his in shape. After this had happened many times, Zenchi felt sad about himself and his interest in noses. When he talked to people, Zenchi would finger the end of his nose without thinking. Then, when he discovered what he was doing, his face would get red like a little boy's. Priest Zenchi was not happy about his great interest in his own nose.

■point down 下を向く　■in shape 形において　■finger 動～を指でいじる
■end of ～の先端　■get red 赤くなる

か、禅智内供は人々や服装などあまり見ていなかった。鼻だけを見ていたのだ。だが、自分のと同じように下を向いている鼻は見つかっても、よく似た形の鼻はひとつも見つからない。こういうことが何度もあるうちに、禅智は自分が哀れになり、鼻を気にしていることが悲しくなった。人と話すとき、禅智は無意識に鼻の先を指でいじることがよくあった。それから、自分のしていることに気がつくと、小さな少年のように顔を赤らめるのだった。自分の鼻をたいへん気にしていることが、禅智内供には不快だったのだ。

The Nose

Finally, Priest Zenchi turned to reading books to find a person with a nose like his own. If he could find just one person, that would make him feel a lot better. But no matter what he read, he couldn't find a nose like his. When he learned that a Chinese emperor had large ears, he thought how wonderful it would be if those ears had been a nose.

Along with trying to find a long nose among living people and in books, Priest Zenchi also tried to change the size of his own nose. In fact, he tried everything he could, such as drinking medicine made from the snake gourd. But no matter how hard he tried, his nose continued to hang down fifteen to eighteen centimeters, just as before.

■turn to 〜に取り掛かる　■feel a lot better ぐっと気分が楽になる　■emperor 図皇帝　■along with 〜と同時に　■medicine 図薬　■snake gourd ヘビウリ

最後に、禅智内供は本を読むことで、自分と同じような鼻を持つ人間を見つけようとした。もしひとりでも見つかったら、ずいぶん気が楽になるだろう。しかしどの本を読んでも、自分と同じような鼻は見つからなかった。中国の皇帝の耳が大きかったことを知ったとき、耳ではなく鼻だったら、どれほどよかっただろうと思った。

　生きている人や本の中に長い鼻を見つけようとするのと同時に、禅智内供は自分の鼻の大きさを変えようともしていた。それどころか、できることはなんでも試していて、ヘビウリで作った薬を飲んだりもした。だが、どれほど熱心に試しても、彼の鼻はあいかわらず15〜18センチの長さでぶら下がったままだった。

The Nose

But then, one autumn, a young monk from the temple went to Kyoto to do some business for Priest Zenchi. While there, this monk met a doctor, who was the friend of a friend. The doctor had come to Japan from China many years ago and was now a priest at Chorakuji Temple. From this doctor, the monk learned how to make a long nose short.

As always, Priest Zenchi did not want people to know that he could not stop thinking about his nose, so he did not try what the doctor said right away. When he was eating, he would often say, in a friendly way, how much trouble he was causing the young monk who held the piece of wood for his nose. But Zenchi really wanted to try the doctor's way to make his nose shorter.

■while there そこにいる間に　■Chorakuji Temple 長楽寺　■right away すぐに　■in a friendly way 愛想よく　■try a way ある方法を試してみる

しかしその後、ある秋のこと、若い修行僧が禅智内供の用事をいいつかって、寺から京都へ行った。そこに滞在中、友人の知り合いだという医者に会った。その医者は何年も前に中国から日本へ来た人で、今は長楽寺の僧であった。この医者から、若い僧は長い鼻を小さくする方法を聞いたのだ。

　いつものように禅智内供は、鼻について考えずにはいられないことを人に知られたくなかったので、医者の助言をすぐには試さなかった。ただ食事のときになると、鼻を持ち上げる板を持っている若い僧に、ずいぶん迷惑をかけてすまないと愛想よく何度も言った。でもじつは、医者の言う、鼻を小さくする方法を試したかったのだ。というより、若

The Nose

In fact, he was waiting for the young monk to tell him to do so. The young monk himself knew what Zenchi really wanted. He did not look down on Zenchi for playing this little game. He could understand Zenchi's feelings very well. So the young monk, saying this and that, tried to get Zenchi to follow the doctor's new way to make his nose smaller. Zenchi had hoped the young monk would do this. And then, just as the young monk hoped, Zenchi agreed to give the new way a try.

The doctor's new way was very simple: Zenchi's nose was put into hot water for a while, and then it was taken out and stepped on again and again by the young monk.

■look down on ～を軽蔑する　■this and that あれやこれや　■follow 動 (助言などに) 従う　■give ~ a try ～を試してみる　■put into ～に入れる　■step on ～を踏む

い僧がそうするように言ってくれるのを待っていた。若い僧も禅智の本当の望みに気づいている。でもこんな小細工をするからといって、禅智を軽蔑したりはしなかった。禅智の気持ちがとてもよくわかるからだ。そこで若い僧は、ああだこうだと説得して、医者が教えてくれた、鼻を小さくする新しい方法を禅智に試させようとした。禅智はもとより若い僧がそうしてくれるのを望んでいた。そこで若い僧の思惑どおり、禅智はその新しい方法を試すことになったのである。

　医者の新しい方法とはとても簡単だった。禅智の鼻をしばらく湯につけ、それから取り出して、若い僧に何度も踏んでもらうのだ。

The Nose

Hot water was made every day in the temple bath house. It was so hot that it could burn your fingers. This water was brought to Priest Zenchi, but if he put his nose straight into the water, he might burn his face. So a piece of wood with a hole in the center was put over the hot water, and Zenchi put his nose through the hole. Strange to say, his nose did not feel hot.

After a while the young monk would say, "I believe it is ready."

Hearing this, Zenchi smiled to himself. From these words alone, a person in the next room would never know that they were really talking about his nose. About this time, his nose started to itch.

■bath house 浴場　■put over 〜の上に置く　■strange to say 不思議な話だが　■believe 動思う　■smile to oneself ひとりで微笑む　■from ~ alone 〜だけから　■itch 動かゆい

鼻

　湯なら寺の湯屋で毎日沸かしている。とても熱くて、指をやけどしそうなほどだ。この湯が禅智内供のもとへ運ばれた。でも鼻をそのまま湯につけると、顔をやけどしかねない。そこで、真ん中に穴をあけた板を湯にかぶせ、その穴を通して鼻をつけた。不思議なことに、鼻は少しも熱くなかった。

　しばらくすると若い僧が言った。「もうできたと思います」
　これを聞いて、禅智はくすりと笑った。この言葉だけでは、ふたりがじつは鼻のことを話しているのだと、隣の部屋の人にはわからないだろう。このころには、鼻がむずがゆくなりだしていた。

The Nose

Soon after Zenchi had taken his nose out of the hot water, the young monk began to step on it with both feet. Zenchi rested on his side, watching the monk's feet go up and down.

Once in a while the young monk would feel sorry for Priest Zenchi. Looking down at Zenchi's head, he would say, "I hope it doesn't hurt. The doctor said to step hard on your nose. But I hope it doesn't hurt."

Zenchi tried to show that it didn't hurt by moving his head. But since his nose was being stepped on, it was not easy. Looking at the young monk's feet, he answered in a low voice, "It does not hurt so very much." Since it was the itchy part of his nose that was being stepped on, it felt quite good, in fact.

■on one's side 横倒しになって　■go up and down 上下する　■once in a while ときどき　■step hard on 〜を強く踏みつける　■in fact 実のところ

禅智が鼻を湯から取り出すとすぐ、若い僧が両足で鼻を踏みはじめた。禅智は横を向いて寝そべり、僧の足が上下するのを見つめていた。

ときどき、若い僧は禅智内供がかわいそうに思えた。禅智の頭を見下ろしながら、よくこう言った。「痛くなければいいのですが。お医者さまが、鼻を強く踏むようにと言われたのです。でも、痛くなければいいのですが、いかがですか」

禅智は首を振って、痛くないと伝えようとした。でも鼻を踏まれているので、なかなかうまくいかない。そこで若い僧の足を見ながら、「たいして痛くはない」と、低い声で答えた。踏まれているのは鼻のむずがゆい部分だったので、むしろ気持ちいいくらいだった。

The Nose

After a while, small oily bumps began to come out on Zenchi's nose. They made his nose look like the skin of a chicken after the feathers have been pulled out. Looking at this, the young monk stopped stepping on Zenchi's nose for a second and said, almost as if speaking to himself, "The doctor—he said they should be pulled out with tweezers."

Zenchi was not pleased, but he decided to leave the matter to the young monk. Zenchi understood that the young monk was being kind to him. But the fact that his nose was being viewed as a thing made him sad. Zenchi made a face to show his feelings, but he let the young monk go ahead and take out the oily bumps. The oil came out in little pieces that were about eleven millimeters long.

■oily 形 脂性の　■bump 名 突起　■for a second 少しの間　■pull out 引き抜く　■tweezer 名 毛抜き　■leave the matter to ～にその件を任せる　■go ahead (作業などを) 続ける

しばらくすると、小さな脂の粒が禅智の鼻から出てきはじめた。そのせいで鼻は、羽をむしった後の鶏の皮のように見えた。これを見た若い僧は、しばらく禅智の鼻を踏むのをやめて、ひとり言のようにつぶやいた。「お医者さまは——これを毛抜きで抜くようにと言われました」

　禅智は不満だったが、若い僧に任せることにした。若い僧が親切でしてくれていることは、禅智にもわかっていた。でも、自分の鼻が物のように見られていることに、気を悪くしていた。禅智は顔をしかめてその気持ちを表したが、それでも若い僧を促して、脂の粒を取らせた。脂は、それぞれ長さ約11ミリの小さな小片になって出てきた。

The Nose

After all the bumps had been taken out, the young monk sighed and said, "We must put your nose into the hot water one more time."

Priest Zenchi made a difficult face, but he did as the young monk told him to do.

Then, after putting Zenchi's nose in hot water for the second time, they took it out once more. And what should they see but a nose that was shorter than ever before! Now it was not very different from a common nose that pointed down a little. As Zenchi touched his nose, the young monk handed him a mirror. But Zenchi was afraid to look into it.

■take out 取り出す ■do as someone told （人の）言うとおりにする ■than ever before かつてないほど ■hand 動 〜を手渡す

鼻

　脂の粒をすべて取ると、若い僧はため息をついて言った。
「もう一度、鼻を湯につけなければなりません」

　禅智内供は、むっとした顔をしたが、若い僧の言うとおりにした。
　そこで、禅智の鼻を2度目に湯につけてから、再び取り出した。すると、なんとふたりが目にしたのは、かつてないほど短くなった鼻だったのだ！　今では、少し下を向いたふつうの鼻と大して変わらない。禅智が鼻をさわると、若い僧が鏡を手渡した。でも、禅智は鏡をのぞくのが怖かった。

The Nose

Until now Zenchi's nose had hung down as far as his chin. That nose—that long, long nose—was now much smaller. It was not the nose that Zenchi had known for so many years. Now it hung down just as far as his upper lip. It was a little red here and there, in the places it had been stepped on. But no one would ever laugh at this nose, Zenchi thought. Finally, he looked into the mirror. The face in the mirror looked back at the face outside the mirror. Both faces looked happy.

■hang down ぶら下がる ■as far as 〜のところまで ■here and there とこ ろどころに ■look back at 〜を見つめ返す

これまで禅智の鼻はあごまでぶら下がっていた。その鼻が——その長い長い鼻が——今ではずいぶん小さくなっている。禅智が長年見知ってきた鼻ではない。今では上唇のところまでしかない。ところどころ、踏まれたところが少し赤くなっていた。けれども、この鼻なら誰も笑いはしないだろうと禅智は思った。とうとう禅智は鏡をのぞいた。鏡の中の顔が、鏡の外の顔を見返した。どちらの顔もうれしそうだった。

The Nose

But that day was just one day, and Priest Zenchi worried that his nose would return to what it had been before. So he could not help touching the end of his nose when he was reading a sutra, or eating, or at other times. But his nose was not doing anything special. It was still hanging down to just above his upper lip, not any more than that. Zenchi soon went to bed. And the next morning, the first thing he did was to touch his nose to see if it had changed. It was still short, the same as yesterday. For the first time in many years, Priest Zenchi felt happy about life, just the way he felt after copying a sutra.

■return 動（元の状態に）戻る　■can not help doing ～せずにいられない
■not do anything special 特別なことは何もしない　■just above 真上に
■not any more than ～を超えない　■copy a sutra 写経をする

鼻

しかし、その日はまだ1日目だから、鼻が元の長さに戻るのではないかと禅智内供は心配だった。それで、経典を読んでいても、食事をしていても、他のことをしていても、鼻の先をさわらずにはいられなかった。でも、鼻に変わったことは何も起きない。鼻は今でもちょうど上唇の上にぶら下がっていて、それより下へは下がってこなかった。禅智はまもなく床についた。そして翌朝、真っ先にしたことは、鼻にさわって変化がないか確かめることだった。鼻は短いままで、昨日と少しも変わらない。じつに何年ぶりかで、禅智内供は生きる喜びを感じた。ちょうど写経の後に感じるような喜びだった。

The Nose

Over the next two or three days, Priest Zenchi discovered a fact that surprised him. A samurai came to the temple in Ike-no-o on business, as he had done before. This time he wore a strange look on his face, and without talking much, he looked again and again at Zenchi's nose. And that was not all. When Zenchi was walking outside and passed the boy monk who had dropped his nose into the bowl of rice, the boy and his young friends would first look down, then smile, and finally laugh out loud. And when Priest Zenchi gave orders to other monks, they wouldn't do anything strange while he was there, but as soon as Zenchi left, they would begin to laugh in low voices. This happened more than once.

■over the next ~ days　それからの～日間にかけて　■on business　用事で
■wear a strange look　けげんな表情をする　■laugh out loud　大声で笑う
■give orders　命令する　■more than once　一度ならず

そ れから後の２、３日にかけて、禅智内供は驚くべき事実を発見した。ひとりの侍が用事で池尾寺へやってきた。これは以前にもあったことだ。ところが今回は、妙な表情を浮かべ、あまり話もせずに、何度も何度も禅智の鼻を見るのだった。それだけではない。禅智が外を歩いているとき、前に禅智の鼻を飯茶碗に落とした修行僧の少年とすれ違うと、その少年と友人の子どもたちが、はじめは下を向き、やがてにやにやし、ついには大声で笑うのである。また、禅智内供が他の僧に何かを命じると、禅智がそこにいる間はみんな変わったようすを見せないのに、禅智がいなくなると低い声で笑いだすのだった。それも一度や二度ではなかった。

The Nose

At first, Priest Zenchi thought this was happening because his face had changed a little. Of course, that was one reason why the other monks laughed. But it could not be the only reason, because the way they laughed when his nose was long, and the way they laughed now, was different. The reason was simple: people don't laugh at things they see every day; they laugh at things they only see once in a while.

But this was not the only strange thing that was happening.

"They didn't laugh that way before. Why now?" Once in a while, when he had started to read a sutra out loud, Zenchi would stop and ask himself this question. At such times, Zenchi would look at the statue of Fugen Bodhisattva at his side and lose himself in thought. He thought of the time,

■once in a while たまに ■read ~ out loud ～を朗読する ■ask oneself 自問する ■Fugen Bodhisattva 普賢菩薩 ■lose oneself in thought もの思いにふける

鼻

　はじめのうちは、顔が少し変わったせいで、こういうことがあるのだろうと禅智内供は思った。もちろん、それも他の僧たちが笑った理由のひとつだった。しかし、それだけが理由なのではない。鼻が長かったときの彼らの笑い方と、今の笑い方が違うからだ。理由は簡単だ。人は毎日目にしているものを見ても笑わないが、たまにしか目にしないものを見ると笑うのだ。

　しかし、不思議なことはこれだけではなかった。

「以前はあんなふうには笑わなかった。どうして今はあのような笑い方をするのだろう？」ときどき経典を朗読しはじめたときなど、禅智はふと読むのをやめて、このように自分に問うた。そんなとき、禅智はそばにある普賢菩薩の像を見て、ぼんやりとものの思いにふけった。ほんの4、5日

The Nose

just four or five days ago, when his nose was long. Those were the good old days. He could not help but feel sad. Zenchi did not know the answer to the question "Why now?"

The truth is, there are two different types of feeling in all men and women. First, we all feel sorry for a person who has had bad luck. But once that person is over his bad luck, then we begin to feel that we have lost something, something that was important. In a way, we would like to see the person have bad luck again. And before long, in a quiet kind of way, we begin to feel that, really, we do not like that person very much. Zenchi himself didn't know this yet, but he was beginning to get a feeling for it.

■can not help but 〜せずにいられない　■over 〔(病気や困難を) 乗り越える
■in a way ある意味では　■before long やがて　■in a quiet kind of way 表には出さないように　■get a feeling for 〜を感じ取る

前の、鼻が長かったときのことを思う。あの日々のほうがよかったと懐かしくなる。これが悲しまずにいられようか。禅智には、「どうして今は？」という問いへの答えがわからなかった。

　じつは、すべての男女の心には、ふたつの相反する感情があるのだ。はじめは誰でも不運な人をかわいそうだと思う。ところがその人が不運を乗り越えると、何かを失ったような、しかも大切なものを失くしたような気がしてくる。なんだか、その人がもう一度不運になるのを見たい気さえする。そしていつの間にか、表には出さないが、その人があまり好きではないと、本当に感じはじめるのである。禅智自身はこのことをまだ知らなかったが、なんとなく感づきだしていた。

The Nose

It was just at this point that Priest Zenchi began to feel out of step with life. Almost every chance he had, he would get angry and shout at someone. When Zenchi wasn't around, even the young monk who took care of his nose said, "It is wrong to do things like that, and Priest Zenchi will be sorry one day."

The one who especially made Zenchi angry was the boy monk who had dropped the Priest's nose into the bowl of rice. One day Zenchi heard the loud cry of a dog outside, and he went out to see what the problem was. He found the boy monk running after the dog with a piece of wood that was about sixty centimeters long. And that was not all. As he ran after the dog, the boy shouted, "Do you want a hit on the nose? Do you want a hit

■out of step with ～とうまく調和がとれない　■every chance someone have ことあるごとに　■take care of ～の世話をする　■run after ～を追いかける　■hit on ～をなぐる

禅智内供が、生きていてもおもしろくないと感じだしたのは、ちょうどそのころだった。ことあるごとに腹を立て、誰かを怒鳴りつけた。禅智がそばにいないと、鼻の治療をしたあの若い僧でさえ、「あんなことをするのはよくない。禅智内供はいつか後悔するだろう」と言うほどだった。

　禅智をとくに怒らせたのは、かつて禅智の鼻を飯茶碗の中に落とした修行僧の少年だった。ある日、外で犬が大きな声で吠えているのが聞こえたので、何があったのかと見にいった。すると、あの少年が長さ約60センチの板を振りまわして犬を追いかけていた。しかも、それだけではない。少年は犬を追いかけながら、「鼻をぶってほしいか？　鼻をぶってほしいか？」と叫んでいたのである。すぐさま禅

The Nose

on the nose?" Without wasting a second, Zenchi took the piece of wood from the boy's hand, and with that same piece of wood, hit him in the face. It turned out that the piece of wood was the same one used to hold up Zenchi's nose.

Priest Zenchi came to think that his short nose was not, in every way, a good thing.

Then, one night, something happened. After the sun had gone down, a strong wind came up, and Zenchi could hear the sounds of the wind from where he slept. It also got very cold, and Priest Zenchi was not able to sleep. As time passed, Zenchi's nose began to itch. Putting his hand to his nose, he could feel something like water. His nose had also gotten a little bigger, he thought. And it was hot, too.

■without watsting a second すぐさま　■hit someone in（人の）〜をなぐる
■turn out　〜ということがわかる　■go down　沈む　■come up　生じる
■get cold　寒くなる　■something like　〜のようなもの

智は少年の手から板を取り上げ、その同じ板で少年の顔を
ぶった。よく見ると、その板は、禅智の鼻を持ち上げるの
に使っていた板であった。

　禅智内供は、あらゆる点で、短い鼻など少しもよくない
と思うようになった。

するとある夜、何かが起こったのである。日が暮れて
から強い風が吹きだし、寝床にいても風の音が聞こ
えてきた。そのうえ、とても寒くなったので、禅智は眠れ
なかった。しばらくすると、鼻がむずむずしてきた。鼻に
手をやると、水のようなものにふれる感じがする。しかも
鼻が少し大きくなっているようだ。熱も持っている。

The Nose

"Maybe my nose is not well, because we did all those things to it to make it shorter," Priest Zenchi said to himself. At the same time he touched his nose, but he was very careful—as if he might break it.

The next morning, when Zenchi woke early as he usually did, he found that the trees in the garden had dropped their leaves. The ground was all a gold color, the garden was filled with light, and there was bright ice on the building tops. Zenchi went outside, opened his mouth, and filled his body with fresh air.

It was then that he remembered a feeling that he had been trying to forget.

■make ~ shorter ～を短くする ■as if まるで～であるかのように ■might 励 ～かもしれない ■building top 屋根

「ひょっとしたら、短くするためにあんなことをしたから、鼻が病気になったのかもしれん」禅智内供はぶつぶつ言いながら、同時に鼻をさわっていたが、その手つきはじつに慎重だった——まるで壊れ物をさわるように。

翌朝、禅智がいつものように早く目覚めると、庭の木々の葉が落ちているのに気づいた。地面は金色に覆われ、庭は光であふれ、建物の屋根にはまぶしい霜が降りている。禅智は外へ出て、口を開き、新鮮な空気で体を満たした。

そのときである。ずっと忘れようとしていた感覚が戻ってきたのだ。

The Nose

Suddenly he brought his hand up to his nose. What he felt was not the short nose he had felt yesterday. It was his old nose, the one that was fifteen to eighteen centimeters long and hung from above his upper lip down to his chin. Zenchi now knew that, in one night, his nose had returned to what it had been before. At the same time, he felt a song in his heart, the same wonderful feeling he had when his nose had first become short. Zenchi said to himself, "Now, no one will ever laugh at me again."

Then, as the sun rose in the sky, he let his long nose hang down from his face and play in the autumn wind.

■bring one's hand up to 手を～に当てる ■play 動 ゆらゆらする

あわてて鼻に手をやった。その手にふれたのは、昨日さわった短い鼻ではない。それは懐かしい鼻、長さ15〜18センチの、上唇の上からあごまでぶら下がっている鼻だ。禅智はそのとき、一晩のうちに鼻が元どおりになったのだと気づいた。それと同時に、心が歌いだすような気持ちになった。鼻が初めて短くなったときに感じた、あの素晴らしい気持ちと同じだ。禅智はひとりつぶやいた。「これで、もう笑う者は誰もいないだろう」

　それから空に日が上ると、禅智は自分の長い鼻が顔から垂れ下がり、秋風の中でぶらぶら揺れるのにまかせた。

覚えておきたい英語表現

> There was *no one* in Ike-no-o Town who didn't know about ~ （p. 80, 1行目）
> 池の尾町で〜を知らない者はなかった。

【解説】

　英語では否定語を目的語や主語に用いた表現が多用されます。英語を使いこなすためには、避けては通れない表現です。

> There was *no one* in the house.
> その家には誰もいなかった。
>
> *Nobody* say a word!
> みんな静かに！
>
> I had *nothing* to say.
> 何も言えなかった。
>
> I have *no* money now.
> 今、一文無しなんだよ。

　I saw *nothing* there.（そこでは何も見なかったよ）の文を参考に考えてみましょう。nothingは「何もない」を意味しますから、日本語に直訳すると「私はそこで**何もない**を見た」となります。日本語ではこのような言い方はしませんので、否定語を主語や目的語にした表現は日本人が苦手とするところです。例文を暗記して、どんどん使って自分のものにしてください。

> It is wrong to do things *like* that. （p. 116, 5行目）
> そのようなことをするのは良くないよ。

【解説】

　多くの方が、like ＝〜が好き、という意味を最初に習ったことと思いますが、

覚えておきたい英語表現

上記の例のように「〜のような」「〜と同じように」という意味で英語のネイティブスピーカーは、like を頻繁に日常生活で使いますのでご紹介しましょう。

She looks *like* her mother.
彼女は母親に似ている。

I felt *like* a rich.
金持ちになった気分だったよ。

I'm *like* you.
あなたと同じ意見です。　＊意見を聞かれた際の返答として

He slept *like* a baby.
彼は赤ん坊のように眠っていた。

What is your new teacher *like*?
新しい先生どんな感じ？　＊What is 〜 like? で「〜はどんな感じ？」

I felt *like* a rookie.
まるで新人になった気分だったよ。

以上のような例の他に次のような使い方もできます。「彼は自慢したくてうずうずしていた」と英語で言えますか？ like を使うととても簡単に表現できます。

He was *like*, "Everyone! Listen to me!"
彼は「みんな聞いて聞いて！」って感じだったね。

「自慢したくてうずうずしていた」という表現そのままではありませんが、彼の様子を伝えるためには有効な言い換えです。「うずうずしていた」なんて抽象的な表現がなかなかパッとは出てこない場合は、like を用いて自分が知っている具体的な言葉で説明するように表現するとそのニュアンスを伝えることができる場合があります。言い換え「パラフレーズ」できるスキルは英会話でとても重要です。日頃から身近な事柄を自分の知っている言葉で説明する練習をしてみましょう。

In the Woods
藪の中

The Woodcutter's Story

Yes, I am the one who found the body. This morning, as always, I went out to cut some wood. That is when I found the body in the woods at the foot of the hill.

Where exactly? About 450 meters from the Yamashina road. It's a place no one ever goes to. It is nothing but bamboo and some small cedar trees.

■woodcutter 图木こり ■body 图死体 ■woods 图藪 ■foot of 〜のふもと ■Yamashina 图山科《地名。京都市》 ■nothing but ただ〜のみ ■cedar 图杉

木こりの話

はい、死体を見つけたのは、このわたしです。わたしは今朝、いつものように木を切りに出かけました。そのときに、山のふもとにある藪の中で死体を見つけたのです。

　正確な場所ですか？　山科道から450メートルほど離れていて、めったに人の通らないところです。竹と小さな杉の木しかありませんから。

In the Woods

The body was on its back, looking up. He was wearing light-blue suikan clothes and a hat like you see in Kyoto. He was killed with one thrust of a sword to the chest. The bamboo leaves all around had blood on them. No, he wasn't bleeding when I found him. The wound had dried up. There was a horse fly sitting on his chest. It didn't even hear me coming.

Did I find a sword there? No, nothing like that. But there was a rope near the tree. And, oh yes, there was also a comb. That's all. But from the looks of the grass and bamboo leaves all around him, I would say that he put up quite a fight.

■on one's back 仰向けに　■suikan 图水干 (→次ページ参照)　■thrust 图突き刺し　■bleed 動血を流す　■wound 图傷　■dry up 乾く　■horse fly ウマバエ　■comb 图くし　■grass 图草　■put up a fight 戦う

死体は仰向けに倒れていました。水色の水干＊を着て、京都でよく見るような烏帽子を被っていました。刀で胸を一突きされて死んだのです。まわりの竹の葉が一面血まみれでしてね。いえ、わたしが見つけたときには、もう血は流れていませんでした。傷はすっかり乾いていましたから。胸にはウマバエが1匹とまっていて、わたしの足音に気付きもしませんでしたよ。

　刀を見つけたかって？　いいえ、そんなものはありません。ただ、木のそばに縄が落ちていました。それから、ああ、そうだ、くしもありました。それだけです。でも、死体のまわりの草や竹の葉のようすを見ると、かなり争ったのだと思いますよ。

＊ 水干：平安時代以降、下級官人および武家の用いた衣服

In the Woods

What? Was a horse there? No, no horse could get into a place like that. There is too much bamboo and too many trees. In any case, there is a horse path right near the woods.

■get into ～に入り込む　■in any case いずれにせよ　■path 图小道

藪の中

え、なんですか？ 馬がいたかって？ いえいえ、あんなところに馬は入れません。竹がやたらと茂っていますし、木も多いですからね。どのみち、藪のすぐそばに馬の通る道がありますから。

The Traveling Monk's Story

Yes, I am sure that I saw the dead man yesterday on the Yamashina road. It was around noon. I was on my way from Sekiyama to Yamashina. The man was walking toward Sekiyama together with a woman on a horse. The woman's hat had a veil, so I couldn't see her face. The horse was a palomino. How tall was it? Well, I am a monk, you see, and don't really know much about such things. The man had a sword and a bow and set of arrows. I remember that quite well.

To think that he should come to this end. Well, I feel very sorry for him. That is all I can say.

■monk 名僧侶　■be sure that ～を確実と思う　■on one's way 途中で　■Sekiyama 名関山《地名。別名、逢坂山》　■veil 名ベール　■palomino 名月毛（→次ページ参照）　■you see ご存知のとおり　■bow 名弓　■arrow 名矢　■come to an end 終わる

旅の僧の話

はい、あの死んだ男には、昨日山科道でたしかに会いました。昼頃のことです。わたしは関山から山科へ向かう途中でした。男は馬に乗った女と一緒に、関山のほうへ歩いていきました。女の市女笠には、牟子の垂衣*がついていたので、顔は見えませんでした。馬は月毛**の馬です。背の高さですか？ なにしろわたしは僧ですから、そういうことはよく存じません。ただ、男は太刀も弓矢も持っておりました。それはよく覚えております。

あの男がこのような最期を迎えようとは！ いやはや、じつに気の毒なことでした。お話しできるのはこれだけです。

---

* 牟子の垂衣：女性が外出するときに、笠のまわりに長く垂らした薄い布。顔を隠すとともに、ちりや虫を避けた。
** 月毛：馬の毛色のひとつ。クリーム色から淡い黄白色

The Bounty Hunter's Story

Are you asking about the person I caught? He is the one and only Tajomaru, the robber. I was lucky to catch him. He had been thrown from his horse, you see, and was moaning in pain on the bridge at Awataguchi.

The time? It was between seven and nine o'clock, last night. He was wearing dark-blue suikan clothes and carrying a sword, just as he was when I almost caught him once before. He also had a bow and a set of arrows.

■bounty hunter 賞金稼ぎ ■robber 図強盗 ■moan 動うめく
■Awataguchi 図粟田口《地名。京都市》 ■once before かつて一度

放免*の話

わたしが捕まえた男のことですか？ あの男は間違いなく多襄丸という盗人です。運よく捉えることができました。奴め、馬から振り落されましてね、粟田口の橋の上で痛がってうめいていたのです。

時刻ですか？ 昨夜の7時から9時の間です。紺の水干に太刀を帯びて、以前に捕まえたときとほぼ同じ姿でした。弓と矢も持っていました。

---

*放免：検非違使庁に使われていた下部。刑期を終えた囚人や徒刑・流刑を許された者で、犯罪人の探索・護送などにあたった。

In the Woods

You say the dead man was seen with the same bow and set of arrows? Then there is no mistake about it. It was Tajomaru who killed the man. Yes, he was riding a palomino horse. It was the same horse that you say the woman was riding. I found it near the bridge eating grass.

Tajomaru really likes women, much more than most of the robbers that work in Kyoto. He told me that he was the one who killed the mother and daughter near Toribe Temple last year. You must remember the case.

I have no idea what happened to the woman who was riding the palomino. Maybe you could look into that.

■there is no mistake about it 間違いない　■do much more than ~ ~よりはるかに多く…する　■Toribe Temple 鳥部寺　■case 图事件　■have no idea 全くわからない　■look into ~を詳しく調べる

あの死んだ男が同じ弓矢を持っているのを、誰かが見たのですね？　それなら間違いありません。その男を殺したのは多襄丸です。はい、奴は月毛の馬に乗っていました。女が乗っていたという馬と同じです。橋の近くで草を食んでいるのを見つけました。

　多襄丸は、京都で悪事をはたらく盗人たちのなかでも、とりわけ女好きでしてね。去年、鳥部寺の近くで母娘が殺されましたが、これも自分の仕業だと話していました。あの事件を覚えておいででしょう。

　月毛の馬に乗っていた女に何があったのかは、見当がつきません。どうぞお調べください。

In the Woods

The Story of the Woman's Mother

Yes, the dead man was my daughter's husband. He was not from Kyoto. He was a samurai working in Wakasa. His name was Kanazawa Takehiro, and he was twenty-six years old. No, he was a kind man and not the type that anyone would want to hurt.

My daughter? Her name is Masago. She is nineteen. Her face is round and dark in color. She is a strong woman and knows what she wants. There was no man in her life before Takehiro. He was the first.

■Wakasa 名若狭《地名。現在の福井県西部》 ■round 形丸い ■dark in color 色黒の ■there is no 〜は存在しない

女の母親の話

はい、あの死んだ男は、わたしの娘の婿でございます。京都の者ではなく、若狭で仕えている侍でございます。名前は金沢武弘といい、26歳でございました。いえ、心の優しい男でして、人に恨まれて刺されるような人間ではございません。

娘ですか？ 真砂と申します。19歳でございます。丸くて色黒の顔をしております。気の強い娘でして、自分のしたいことがよくわかっております。武弘の前に男を持ったことは、一度もございません。武弘が初めての男でございます。

In the Woods

Yesterday she and Takehiro left for Wakasa. I never thought that such a thing could ever happen. But where is she now? Takehiro is dead, I know that. But I am worried about her. Oh, please find her for me, no matter what you have to do.

That terrible Tajomaru person, the robber. First Takehiro, then my daughter…(She breaks down crying.)

■leave for ～へ向かって出発する　■no matter what たとえどんな～であろうと　■break down 崩れ落ちる

昨日、娘と武弘は若狭へ旅立ちました。このようなことが起ころうとは思いもしませんでした。それにしても、娘は今どこにいるのでしょう？　武弘が亡くなったことは、もう致し方ございません。ですが、娘のことが心配でございます。ああ、どうかお願いですから、どのようなことをしてでも娘を見つけてくださいませ。

　あの多襄丸とかいう男、なんと恐ろしい盗人なのでしょう。武弘を殺したうえに、わたしの娘まで……(母親は泣き崩れる)。

Tajomaru's Story

I killed the man, but not the woman. Where is she now? I don't know. You can start torturing me right now, but I can't tell you what I don't know. Now that I have been caught, I am going to tell you the true story.

Yesterday, a little after noon, I saw the two of them for the first time. Just as I was looking at the woman, the wind lifted the veil from her hat, and I saw her face. I saw it just for a second, but that second made all the difference. It was a face from another world. I decided right then that I would get that woman, even if I had to kill the man.

■torture 動 〜を拷問にかける　■right now 今すぐに　■now that 今や〜であるからには　■little after 〜を少し過ぎて　■for a second ほんの一瞬　■make all the difference 状況を一変させる　■even if たとえ〜だとしても

多襄丸の話

わたしはあの男を殺しましたが、女は殺していません。女は今どこかって？ それは知りません。今すぐ拷問してもかまいませんが、それでも知らないことは言えませんよ。こうして捕まったからには、本当のことを話すつもりです。

昨日、昼を少し過ぎたころ、あのふたりに初めて会いました。女を見ていると、風が吹いて市女笠の垂衣が上がったので、女の顔が見えたのです。ほんの一瞬見えただけですが、それですべてが一変しました。この世のものとは思えぬ顔でした。まさにそのとき、たとえ男を殺してでも、その女を手に入れようと決心したのです。

In the Woods

It is not as difficult as you think to kill a man. And if I really wanted to get the woman, then the man must die. Still, if I could get the woman without killing the man, that was all right, too. In fact, at the time I thought I could do just that. Of course, I couldn't do it out on the Yamashina road. That is when I thought of a way to get them off the road and into the woods.

This is what I did. As I walked along with them, I said that I had discovered some hidden treasure and wanted to sell it cheap. The treasure was now in the woods at the foot of the hill. I could show them if they were interested.

■still 副さらに　■out on a road 路上で　■off a road 道から外れて　■along with 〜と一緒に　■hidden 形隠された　■treasure 名財宝

男を殺すのは、あなた方が思うほど難しいことじゃありません。それに、本当に女を手に入れたかったら、相手の男には死んでもらうしかないでしょう。しかし、男を殺さずに女を奪えるなら、それはそれで結構なわけです。いや、むしろ、はじめはそうできると思っていたのです。もちろん山科道で襲うことなどできません。そのときふと、ふたりを道からはずれさせて、藪の中へ連れこむ方法を思いつきました。

　それはこんな具合です。わたしはふたりと並んで歩き、こう言いました。秘密の宝を見つけたから誰かに安く売りたい。宝は今、山のふもとの藪の中に隠してある。もし興味があるならお見せしよう、と。

In the Woods

The man was interested from the beginning, and the more I talked about it, the more interested he got. It's true—if someone really wants something, you can make them do whatever you want. So the three of us set off toward the hill and the woods—me, the man, and the woman on the horse.

We reached the foot of the hill, and the man was all ready to go into the woods and see the treasure. But the woman stayed on her horse and said that she would wait there. That wasn't surprising, since the woods had so much bamboo and so many cedar trees. In fact, I was glad that she decided not to come along. That way, I could be alone with the man.

■from the beginning 最初から　■set off 出発する　■all ready to 〜の準備万端で　■come along 一緒に来る　■that way そうやって

男ははじめから興味を示していて、わたしが話せば話すほど、ますます気をそそられていきました。いや、本当に——欲に取りつかれた者は、好きなように操ることができるといいますが、そのとおりですよ。それで、わたしたち3人は山と藪のほうへ向かいました——わたしと、男と、馬に乗った女の3人です。

　山のふもとに着くと、男は藪の中へ入って宝を見ようと、すっかりその気になっています。でも女は馬に乗ったまま、ここで待っていると言いました。無理もありません。藪にはうっそうと竹が茂り、杉の木もたくさん生えていましたから。じつをいうと、女が一緒に来ないと決めたので、わたしは喜びました。おかげで男とふたりきりになれたのです。

In the Woods

At first, the woods is all bamboo. But along the way there is an open space with some cedar trees. You couldn't find a better place for my kind of work. I told the man that the treasure was buried at the foot of one of the trees. He believed me and moved toward the cedars as fast as he could. Then, just as we got near the trees, I grabbed him and threw him down. He had a sword and he was strong. But I caught him by surprise, and before you knew it I had him tied to one of the cedars.

Where did I get the rope? Well, a rope is a robber's best friend. We always carry one, just in case. And to keep him from crying out, I pushed some bamboo leaves into his mouth. It was as easy as that.

■bury 動埋める　■grab 動引っつかむ　■throw ~ down ~を投げ飛ばす　■catch ~ by surprise ~の不意をつく　■tie 動縛る　■just in case 万が一に備えて　■keep ~ from ~に…させないようにする

はじめのうち、藪の中は竹だらけです。でもその途中に杉の生えた空き地があります。盗人が仕事をするのに、これほどうってつけの場所はありません。わたしは男に、宝は杉の根元に埋まっているのだと言ってやりました。男はその言葉を信じ、杉の方へ一目散に進んでいきました。そして杉の木へ近づいたとたん、わたしは男をつかんで投げ飛ばしたのです。男は太刀を持っていたし、力もありました。でも不意を突いて襲ったので、瞬く間に杉の木に縛りつけることができました。

　どこで縄を手に入れたかって？　そりゃあ、盗人に縄は欠かせませんよ。いざというときのために、いつも持ち歩いているのです。それから男が声をあげないように、竹の葉を口の中へ押しこみました。こんなにたやすいことなのです。

In the Woods

After I took care of the man, I went back to where the woman was and told her that the man was feeling sick. This went exactly as planned, and she agreed to go see what was wrong. She took off her hat, and I took her by the hand and led her into the woods.

When we got near the trees, she saw the man tied to the cedar. Before I knew it, she was holding a dagger in her hand. I have never seen a woman so ready to fight. If I hadn't been careful, she would have stabbed me, just like that.

But you must not forget that I am Tajomaru, not just some man you see walking down the road. Without using my sword, I finally got the dagger out of her hand. And without the dagger, there was not much she could do. So this is how I had my way with the woman without killing the man.

■take care of ～を片づける　■feel sick 体調が悪い　■take off 脱ぐ　■take ~ by the hand （人の）手を取る　■lead ~ into ～を…に案内する　■dagger 图 短刀　■stab 勔 突き刺す　■walk down a road 道を歩いていく　■get ~ out of …から~を取り出す　■have one's way 好きなようにする

男を片づけた後、わたしは女のところへ戻って、男の具合が悪くなったと言いました。まさしく思いどおりにいって、女はようすを見にいくことを承知しました。女が市女笠を脱ぐと、わたしは女の手を取って藪の中へ連れていきました。

　木立に近づくと、男が杉の木に縛られているのを、女は目にしました。すると知らぬ間に、短刀を手に握っていたのです。あれほど闘志にあふれた女を見たことがありません。用心していなかったら、あっさり刺されていたことでしょう。
　でも、わたしが多襄丸だということを忘れてはいけません。そのへんの道を歩いているただの男ではないのです。自分の刀を抜くこともなく、ついに女の手から短刀を奪いました。そして短刀がなければ、女にできることなど知れたものです。このようにして、わたしは男を殺さずに、女を思いどおりにしたのです。

In the Woods

Yes, I said that I had my way with the woman without killing the man. In fact, I had never planned to kill the man. The woman was crying when I started to leave the woods, and she grabbed my arm to stop me. At first, it was hard to understand what she was saying. But then I understood. She said that either I must die or her husband must die. Both of us had seen her shamed, and she couldn't live with both of us alive. One of us must die. She would go with the one who was left alive. That is when, suddenly, I wanted very much to kill the man. (Tajomaru has a dark, excited look on his face.)

■hard to do ～するのが難しい　■either A or B　Aかそれともβ　■shame 動
～をはずかしめる　■both 代両方　■alive 形生きていて　■go with ～に身を
任せる

そうです、男を殺さずに女を思いどおりにした、と言いました。それどころか、男を殺すつもりなどなかったのです。わたしが藪から逃げようとしたとき、女は泣いていました。そして、わたしの腕をつかんで引き止めました。はじめのうちは、女の言うことがよく理解できませんでした。でも、そのうちわかってきました。わたしか、女の夫か、どちらかが死なねばならないと、女は言ったのです。ふたりとも自分の恥を見たから、両方が生きていては、自分は生きていられない。どちらかひとりが死ぬしかない。そして生き残ったほうに自分はついていく、と言うのです。わたしが突然、どうしても男を殺したくなったのは、そのときでした。（多襄丸、暗く興奮した表情）。

In the Woods

I am less human than you. That is what you are thinking. I know. But you did not see the woman's face. You did not see the fire in her eyes when she grabbed my arm. When I looked into those eyes, I knew that I must have her as my wife. Yes, I must have her as my wife.

You think that I wanted only her body, nothing more. But no, I had already had my way with her body. I could have just left her in the woods with her husband, and her husband's blood would not be on my sword. But the second I looked into her eyes, I knew I could not leave those dark woods without first killing her husband.

■less 副 より下回って　■human 形 人間らしい、思いやりがある　■have ~ as one's wife 〜を自分の妻にする　■nothing more それだけである

わたしのことを、あなた方よりずいぶんひどい人間だと、そう思っておいででしょう。わかっています。しかし、あなた方はあの女の顔を見ていません。また、わたしの腕をつかんだときの燃えるような目を見ていません。その目を見つめたとき、この女を妻にしなければならないと、わたしは思ったのです。そうです、この女を妻にしなければ、と。

　女の体が欲しかっただけだと思っておいででしょう。だが、それは違います。わたしはすでに女の体を好きにしたのですから。女を夫と一緒に藪の中に捨てていくこともできました。そうすれば、夫の血がわたしの太刀に付くこともなかったでしょう。ところが女の目を見た瞬間、まず夫を殺してからでないと、あの暗い藪を去ることはできないと悟ったのです。

In the Woods

But if I had to kill him, I wanted to do it in the right way, like a man. So I took off the rope and gave him his sword. (I forgot to take the rope with me and left it near the tree.) The man had a terrible look on his face. Without saying a word, he came straight at me. It was the hardest fight I have ever fought. It was finally the twenty-third thrust of my sword that went through his chest. The twenty-third thrust! Remember that. I will never forget it. Never have I fought a man that long and hard. (He smiles.)

As soon as the man fell, I put away my sword and turned toward the woman. And what did I see? The woman was gone. I looked for her among the trees. I looked at the leaves on the ground for some sign of where she had gone. I listened for a sound, but the only sound I heard was the man's dying breath.

■right way 正当な方法　■like a man 男らしく　■terrible look 恐ろしい顔つき　■go through 通り抜ける　■put away しまう　■look for ～を探す　■dying 死の間際の

しかし、男を殺さねばならないなら、男らしく正当な方法でやりたいと思いました。そこで男の縄を解き、太刀を渡しました。(その縄を持ち去るのを忘れて、木のそばに置いてきたのです)。男は恐ろしい表情をしていました。一言も発することなく、まっすぐに飛びかかってきました。これまでやり合ったなかで、もっとも激しい戦いでした。そして23回目に太刀を合わせたとき、とうとうあの男の胸を貫きました。23回目にです！　覚えておいてください。わたしも決して忘れません。ひとりの男とあれほど長く激しく戦ったことは、これまでありませんでした。(多襄丸、にやりと笑う)。

　男が倒れるとすぐ、わたしは太刀を納めて女を振り返りました。すると何が見えたかって？　なんと女がいないのです。わたしは木立のなかに女を捜しました。女の去った跡がないかと落ち葉を見ました。耳を澄ましても、聞こえるのは男の絶え入りそうな息づかいだけです。

In the Woods

Maybe she left the woods and went for help as soon as the fight started. If that was true, then I was in danger. Without wasting any more time, I picked up the man's sword, his bow, and the set of arrows and left the woods. The woman's horse was still outside the woods.

There is no need to say more. I can say, though, that I no longer had the man's sword before coming back to Kyoto.

This is the end of my story, and the end of my life. Do with me as you please. (He looks straight ahead.)

■go for help 助けを求めに行く　■in danger 危険な状態にある　■there is no need to ～する必要がない　■do with ～を処置する　■as you please お好きなように　■look straight ahead まっすぐ前を見る

ひょっとすると、女は争いが始まるなり藪から出て、助けを求めに行ったのかもしれません。それが本当なら、わたしの身が危険です。もはや一刻も無駄にせず、男の太刀と弓矢を取り上げて、藪を立ち去りました。女の馬はまだ藪の外にいました。

もうこれ以上お話しする必要はないでしょう。ただ、男の太刀のことなら、京都に戻ってくる前にもう手放してしまいました。

これで、わたしの話は終わりです。そして、わたしの命ももう終わりでしょう。どうぞお好きなようになさってください。(多襄丸、まっすぐ前を向く)。

The Story of a Woman at Kiyomizu Temple

After the robber in dark-blue suikan clothes had his way with me, he looked down at my husband and laughed. How terrible my husband must have felt! I ran to where he was. Or I should say that I tried to. The robber was quick to stop me and throw me to the ground.

That is when I saw something in my husband's eyes. My husband wasn't able to speak because of the leaves in his mouth, but everything he wanted to say was in his eyes. His eyes showed that he was not angry at me or sad; they showed that he looked down on me—he despised me.

■Kiyomizu Temple 清水寺 ■quick to すぐに~する ■look down on ~を見下す ■despise 動 軽蔑する

清水寺での女の話

紺の水干を着た盗人は、わたしを手込めにした後、夫を見下ろして笑いました。夫はどれほど辛かったでしょう！ わたしは夫に駆け寄りました。いえ、駆け寄ろうとしたと言うべきでしょう。盗人がすばやくわたしを止めて、地面に投げ飛ばしたからです。

そのときです、わたしが夫の目の中にあるものを見たのは。夫は口に詰められた葉のせいで話せませんでしたが、言いたいことはすべて目が語っていました。夫の目に表れているのは、わたしへの怒りでも、悲しみでもありませんでした。その目が示すのは、わたしを見下していることでした——夫はわたしを蔑(さげす)んでいたのです。

In the Woods

I had felt some pain when the robber threw me to the ground, but when my husband looked at me with those eyes, it broke my heart. Without knowing what I was doing, I cried out, then fainted and fell to the ground.

When I finally woke, the robber was gone. There was only my husband, still tied to the cedar tree. I got up from the ground and looked at my husband's face. His eyes had not changed. They showed that he still despised me, that he looked down on me, that he even hated me. I don't know how to explain how I felt—shamed, sad, angry. It was difficult for me to walk, but still, I went to him.

■without knowing わからないままに　■faint 動気絶する　■get up from 〜から起き上がる　■hate 動 〜を憎む　■shame 動恥をかかせる

盗人に地面に投げ飛ばされたときにも痛みを感じましたが、夫にこのような目で見られたとき、わたしの心は砕け散りました。自分でも何をしているのかわからないまま、叫び声をあげて気を失い、地面に倒れたのです。

やっと気がついたとき、盗人はもういませんでした。夫だけが、まだ杉の木に縛られてそこにいました。わたしは地面から立ち上がり、夫の顔を見ました。夫の目は変わっていませんでした。その目は、夫がなおわたしを蔑み、見下し、憎んでさえいることを示していました。そのときのわたしの気持ちを、どう表したらいいのかわかりません——恥ずかしいやら、悲しいやら、腹立たしいやら。わたしは歩くのもやっとでしたが、それでもなんとか夫に近づいていきました。

In the Woods

"With all that has happened," I said, "we can no longer be husband and wife. I am prepared to die, but I must ask that you also be prepared to die. You have seen me shamed, and I cannot let you go on living after that."

After I had finished speaking, my husband looked at me as if I was not human. I felt a terrible pain in my chest, but I started looking for my husband's sword all the same. I couldn't find it or the bow and set of arrows. The robber must have taken them. But I did find my dagger. As I took the dagger and raised it above my head, I said to my husband, "I must ask for your life. I will follow soon after."

■with 副 〜ので（それを考えると）　■prepare to die 死を覚悟する　■go on living 生き続ける　■all the same それでも　■ask for someone's life（人の）命を求める　■soon after すぐに

「こんなことが起こったからには」と、わたしは言いました。「わたしたちはもう夫婦ではいられません。わたしは死ぬ覚悟です。でも、あなたにも死ぬ覚悟をしてもらいます。あなたはわたしが辱めを受けるのを見たのですから、このまま生かしてはおくわけにはいきません」

わたしがそう言い終えると、夫はわたしのことを、まるで人間ではないかのように見つめました。わたしは胸が張り裂けそうに痛みましたが、それでも夫の太刀を探しはじめました。ですが太刀も弓矢も見つかりません。きっと盗人が持っていったのでしょう。けれど、自分の短刀を見つけたのです。わたしは短刀を手に取ると、頭の上まで振りかざし、夫に言いました。「お命をいただくしかないのです。わたしもすぐに後を追いましょう」

In the Woods

Hearing this, my husband tried to speak for the first time, but I couldn't understand him. I couldn't understand, but I knew in my heart. What he wanted to say was, "Kill me!" I felt as if I were in a dream, but still, with one thrust of the dagger, I stabbed him hard in the chest.

■know in one's heart 心の中ではわかっている

これを聞いて、夫は初めて何かを言おうとしましたが、わたしにはわかりませんでした。わかりませんでしたが、心の中では知っていました。夫が言いたかったのは、「殺せ！」だったのです。わたしは夢の中にいるような気がしましたが、それでも短刀で一気に、夫の胸を深く突き刺しました。

In the Woods

At this point I must have fainted again. When I woke and looked around, my husband was still tied to the tree, but now he was dead. Through the leaves of the bamboo and cedar trees, some light from the setting sun fell on his face. I was crying when I took the rope off his body and threw it away.

And then…what happened to me then? I really don't know. But I can tell you that I didn't have what it takes to kill myself. I tried stabbing myself; I tried throwing myself into a pond. But still I couldn't die. I wish I had. (She smiles in a sad way.) Even the Bodhisattva Kanzeon would not be sorry for someone like me. But what am I to do? The robber had his way with me, and then I killed my own husband. What am I to do? (She suddenly breaks down and cries.)

■at this point この時点で　■take ~ off… ~を…から取り去る　■throw ~ away ~を投げ捨てる　■kill oneself 自殺する　■throw oneself into ~に身を投げる　■Bodhisattva Kanzeon 観世音菩薩《別名、観音様》

このとき、わたしはまた気を失ったに違いありません。目をさましてあたりを見まわすと、夫は木に縛られたままでしたが、そのときはもう死んでいました。竹の葉や杉の木々を通して、夕暮れの光が顔の上に落ちていました。わたしは泣きながら、夫の体から縄を解いて投げ捨てました。

　そしてそれから……わたしに何があったのでしょう？　はっきりとはわかりません。ただ、自害するのに必要なものがなかったのはたしかです。短刀で自分を刺してみました。池に飛び込んでもみました。でも、やはり死ねなかったのです。死ねたらよかったのにと思います。（悲しそうに微笑む）。観世音菩薩さまでも、わたしのような者を憐れんではくださらないでしょう。でも、どうしたらいいのですか？　わたしは盗人に手込めにされ、自分の夫を殺したのです。いったい、どうしたらいいのでしょう？（いきなり泣き崩れる）。

The Dead Husband's Story Told through a Medium

After the robber had his way with my wife, he sat down next to her and tried to make her think that it was all for the best. Of course, I was not able to say a word, and I was still tied to the tree. But I tried to tell her with my eyes that she shouldn't believe a word the robber said. But she just sat on the ground, looking down. I think she was listening to what the robber said. I wished I was in his place and able to talk to her like that.

■medium 图霊媒師《霊の言葉や思いを伝える霊能者》 ■next to 〜のとなりに
■make 〜 think that… 〜に…だと思わせる ■all for the best 最善の結果で
■place 图立場

巫女を通して語る死んだ男の話

盗人は妻を手込めにした後、妻の横にすわり、こうなってよかったのだと思わせようとした。もちろん、おれは一言も話せず、木に縛られたままだった。それでも、盗人の言葉を信じてはならないと、目で伝えようとした。しかし妻は地面にすわりこんで、じっとうつむいていた。盗人の言葉を聞いていたのだろう。自分が盗人の立場で、あのように話しかけてやれたらと、どれほど思ったことか。

In the Woods

The robber was clever in the way he spoke. He explained to her that once a woman has been shamed, she can never get along with her husband in the same way as before. It would be better, he said, if she came along with him. He told her that it was because he liked her so much that he had done what he had done. The robber was clever. He would say anything to get what he wanted.

After she had finished listening to the robber's sweet words, she looked up with a special look on her face, almost as if she had eaten something very delicious. I have never, ever, seen my wife look as beautiful as she looked then.

But then she gave her answer to the robber, and I will never forget what she said. "Take me with you, no matter where you go." (He says nothing more for a long while.)

■clever 巧みな ■get along with 〜と仲良く暮らす ■sweet words 甘い言葉 ■special look 独特の表情 ■no matter where どこであろうと ■for a long while 長いあいだ

盗人は口がうまかった。女が一度辱めを受けたら、けっして以前と同じようには夫と仲良く暮らせないと説得していた。もし自分についてきたら、幸せになれるだろう。こんなことをしたのも、おまえがとても気に入ったからだと、盗人は言った。盗人は頭がいい。欲しいものを手に入れるためなら、どんなことでも口にするだろう。

　盗人の甘い言葉を聞き終えた妻は、とても美味しいものを食べたかのような、独特な表情を浮かべて盗人を見上げた。そのときほど妻が美しく見えたことは、これまで一度もなかった。

　しかし、そのとき妻は盗人にこう答えたのだ。おれは妻の言葉をけっして忘れないだろう。「わたしを連れていってください、どこへでも、あなたの行くところへ」（男、長い沈黙）。

In the Woods

This is not the only wrong my wife did to me. If that were the only wrong, I would not continue to suffer as I do now. The robber took her hand and started to lead her out of the woods. She stopped and turned toward him. All color was gone from her face. She pointed at me and cried out, "Kill him! I cannot go with you while he is alive."

She shouted this over and over. "Please kill him! Please kill him!" It was like a heavy rain pounding on my body, pushing me down into the dark of night. Were such terrible words ever spoken before? (He stops and smiles in a strange way.) Even the robber couldn't believe his ears.

■not only ～だけでなく　■wrong 名不正な行為　■suffer 動苦しむ　■over and over 何度も繰り返して　■pound 動激しく打つ　■push ~ down ～を突き落とす

妻がおれにしたひどい仕打ちは、これだけではない。もしこれだけだったら、今のように苦しみ続けてはいないだろう。盗人は妻の手を取り、藪から連れ出そうとした。すると妻は立ち止まって、盗人のほうに顔を向けた。その顔は真っ青だった。妻はおれを指さして大声をあげた。「あの人を殺してください！　あの人が生きているかぎり、あなたと行くことはできません」

　妻は何度も何度も叫んだ。「どうかをあの人を殺してください！　どうか殺して！」この言葉が、激しい雨のようにおれの体を打ち、夜の暗闇に突き落とすような気がした。これほど恐ろしい言葉が、かつて語られたことがあるだろうか？（言葉を切り、あざけるように笑う）。盗人でさえ自分の耳を疑っていた。

In the Woods

As she shouted these words, she grabbed the robber's arm and held on to him. He just looked at her. He didn't say if he would kill me or not. He just looked at her. Then, before you knew it, he had kicked her down onto the ground. (He stops again and smiles in a strange way.) The robber's eyes were hard when he turned to look at me. "What do you want me to do with this woman? Kill her or let her go? Just nod if you want me to kill her." For these words alone, I was ready to forget all the robber had done to me.

As my wife was waiting for my answer, she suddenly let out a cry and ran toward the deep part of the woods. The robber tried to catch her, but she got away. I just sat there. It was like watching a scene from a strange dream.

■hold on しっかりつかまる　■kick ~ down 〜をけり倒す　■nod 動 うなずく　■let out a cry 叫び声をあげる　■deep part 奥の方　■get away 逃げる

妻はこの言葉を叫びながら、盗人の腕をつかんでその身にすがりついた。盗人はただ妻を見つめていた。殺すとも殺さないとも言わずに、ただじっと妻を見つめている。すると、あっという間に妻を地面へけり倒した。（また言葉を切り、あざけるように笑う）。盗人は険しい目つきで、こちらを振り向いた。「この女をどうしてほしい？　殺すか、それとも逃がしてやるか？　殺してほしいなら、うなずくだけでいいぞ」この言葉だけでも、わたしは盗人のしたことをぜんぶ許してやりたいと思う。

　おれの返答を待っているうちに、妻がだしぬけに叫び声をあげて、藪の奥へ向かって走りだした。盗人が捕まえようとしたが、妻は逃げていった。おれは、ただそこにすわっているしかない。奇妙な夢の一場面を見ているようだった。

In the Woods

The robber came back without her and picked up the sword and the bow and arrows. He cut my rope in one place. As he left the woods, I thought I heard him say, "Now I am the one in danger." After that, all was quiet. As I took the rope from around my body, I listened for any sounds. I thought I heard something, but it was only my own voice crying. (For the third time, he stops speaking.)

While it was not easy, I finally got to my feet. On the ground in front of me, I saw my wife's dagger, catching the last light of the sun. I picked it up and held it in my hand. Then, in one quick move, I thrust it into my chest. In my mouth, there was suddenly the taste of blood. But I didn't feel any pain. My chest began to turn cold, and all around me grew very quiet.

■in one place 一箇所を　■while 接 ～ではあるものの　■get to one's feet 立ち上がる　■turn cold 冷たくなる　■grow quiet 静かになる

盗人が妻を連れずに戻ってきて、太刀と弓矢を拾いあげた。そして縄の一箇所を切った。藪から立ち去るとき、盗人がこう言うのが聞こえたように思う。「今では、こちらの身が危ない」。その後、すべてが静まりかえった。おれは体から縄を解き、音が聞こえないかと耳を澄ました。何か聞こえたと思ったが、それは自分の泣く声だけだった。（3度目の中断）。

　簡単ではなかったが、やっとおれは立ち上がった。目の前の地面に妻の短刀が落ちていて、西日の最後の光を受けていた。おれはそれを拾いあげ、手に持った。それから、ひと息に自分の胸に突き刺した。口の中に、さっと血の味が広がる。だが痛みはまったく感じない。胸が冷たくなりだし、あたり全体がとても静かになっていく。

In the Woods

Ah, so quiet! Not even one small bird sang its song in these woods. There was only the dark air around the bamboo and cedar trees. I, too, was pulled deeper into that dark.

As the air grew close around me, I heard someone coming. I tried to look and see who it was, but I could not see through the dark cloud. Then a hand—a hand I could not see—pulled the dagger from my chest. In my mouth, the taste of blood grew stronger. Then I began the long, long fall into the deep, dark night.

■not even 〜でさえない　■grow close 閉塞感が増す　■look and see 注意してよく見る　■see through 〜を透かして見る

ああ、なんと静かなのだろう！　この藪の中では1羽の小鳥さえさえずらない。竹と杉の木のまわりには、暗闇があるだけだ。そしておれも、その暗闇のなかへ深く引きずり込まれていった。
　暗闇がさらに迫ってきたとき、こちらへ近づく足音がした。目をこらして誰なのか見ようとしたが、暗い霞がかかって見ることができない。すると、手が──見えない手が──おれの胸から短刀を引き抜いた。口の中の血の味が、さらに強くなる。それから、おれは暗い夜の深みへ、どこまでも、どこまでも落ちていった。

覚えておきたい英語表現

> *I am sure that* I saw the dead man 〜　（p. 134, 1行目）
> 私は確かにあの死んだ男と会いました。

【解説】

　旅法師が検非違使に答えた言葉です。be sure that 〜で「きっと〜だと思う」という意味です。日本人はよく口語表現で「〜と思います」と使う上に、英語学習の初期段階でthinkを習うので、I think 〜という表現を多用しがちです。文法的に間違っていなくても、その表現が自然で正しく伝わるとは限りません。

　自分の意見として物事を述べることは日常生活でよくあることですので、場面や状況に応じた「〜だと思う」の表現をご紹介しましょう。

feel

　I *feel* that we should discuss the matter.
　それについて話し合ったほうがよいと思う。

　feelは「なんとなく思う」ことです。「〜と感じる」と訳せば語感に近くなるでしょうか。thinkに比べて控えめに自分の意見を述べる表現です。

guess

　I *guess* he didn't have much money.
　彼はあまりお金を持ってなかったんじゃないかなあ。

　guessは「根拠がないけどなんとなくそう思う」の意味です。口語表現で大変よく使われます。ぜひ覚えましょう。

suppose

　I *suppose* he is right.
　彼の言っていることは当たっていると思う。

　こちらもthinkより自己主張の軽い表現で、よく使われます。ある程度の知識

に基づいて推測して「〜だと思う」と言いたい時に使うとよいでしょう。確信はないけど、考えの根拠があるところがguessとの違いです。

believe

I *believe* what you said.
あなたが言ったことは正しいと思う / あなたが言ったことを信じる。

believeはその言葉の通り「信じる」ですから、確信して「〜だと思う」という意味になります。

hope

I *hope* he will like it.
彼がそれを気に入ってくれるといいな、と思う。

hope「そうなってくれるといいな、と思う」という場面で使われます。hopeは元々「願う」という意味ですから、分かりやすいですね。

afraid

I'm *afraid* she will not come here.
彼女は来ないと思います。

I'm *afraid* you have the wrong number.
電話番号を間違ってらっしゃると思います。

be afraid that 〜 で「望ましくないことを思う」表現になります。

以上のように「〜だと思う」に相当する英語の表現はたくさんあります。場面やニュアンスに応じた使い方ができるととても印象がよくなります。ぜひマスターしてください！

文法基礎講座

英文の４つの大前提
これを覚えたら英文法の学習が楽になる！

文法基礎講座

1. 語順感覚を身につけよう

　これから英文法を理解し身につけたいという方は、まず「語順感覚」を養うとよいでしょう。文法とは文字どおり「文の法則」ですが、つまるところ「英単語の並べ方」のことです。この「語順感覚」を、英文法の幹として身につけておけば、文法事項全般の理解が容易になります。

❏ 英語と日本語の語順の違い

　英語が難しいと感じるのは、日本語と「語順」が異なるからです。日本語では、

　　　主語　　目的語　　述語(動詞)
　　　私は　彼女を　愛しています。

のように、「誰が / 何を / どうする」の順番で並べます。英語では、

　　　主語　動詞　目的語
　　　I　love　you.

です。英語では「誰が / どうする / 何を」の順番です。この「順番が異なる」ということをまずは確認しましょう。

　さて、日本語では「誰が / 何を / どうする」が基本の形ですが、実は「彼女を愛しています、私は」とか「私は愛しています、彼女を」と順番を入れ替えても通じます。日本語は語順のルールがある程度柔軟なのです。語順を入れ替えても通じる理由は、日本語には「助詞」があるからです。以下の例を見てください。

　(1)　私**を**彼女**は**愛しています。
　(2)　私**は**彼女**を**愛しています。

　(1)と(2)では、主語・述語・目的語の並びは同じですが、「誰が誰を」愛しているかが明確に異なります。これは「は」と「を」などの助詞が機能しているためです。しかし英語にはこの「助詞」はありません。日本語に例えると次のような文章になるのが英語なのです。

　　　私　彼女　愛している

　このように、助詞がないと「誰が誰をどうする」がはっきりしません。そのため、誤解なく情報を伝えるために英語では「語順(文法)」が大きな役割を果たします。

日本語は語順の自由度が高いがゆえに、普段の生活で語順に注意をあまり払いません。その代わりに「助詞」に注意を払うのです。
　英語を使ったり学んだりする際にはこの「日本語脳」を「英語脳」に切り替える必要があります。英語は「語順」で言いたいことを伝える言語です。

❏ 英語の語順とは

では肝心の、英語の語順は何が基本かと言いますと…

主語	動詞	目的語/補語
誰が	何する	何を (何に)
1番目	2番目	3番目

　簡単でしょう？ 英語の語順感覚を養うのは難しいことではありません。「誰が / 何する / 何を (何に)」の語順を頭に染み込ませてください。全ての英文はこの原則にしたがって表現され、他の文法事項はこの原則を補完するものなのです。
　この3つの順番を意識するだけで、文法学習のストレスが軽減します。「誰が / 何する / 何を (何に)」に基づいて英文を処理することに慣れてください。

　拍子抜けするほど簡単なルールです。しかし、日本人にとってはこれがなかなか難しいのです。次の日本語を英語にしてみてください。

　　(1)　昨日駅に行った。
　　(2)　君を駅で見たよ。

　この問題を難しく感じた方はまだ「日本語脳」から「英語脳」への切り替えがスムーズでないかもしれません。さて何がひっかかるのでしょう？

❏ 主語が何かを意識する

　英語脳への切り替えを妨げるもう一つの日本語の特徴が、「主語を省いても通じる」ということです。(1)も(2)も、動作を行った人(主語)は「私」です。日本語には書かれていなくとも、英語で表現するなら私(＝I)をしっかりと英文の中に入れなければいけません。

　　　　　　誰が　何した　　どこへ(場所)　　いつ(時間)
　　(1)　 I　 went　 to the station　 yesterday.

　　　　　　誰が　何した　何を　　どこで(場所)
　　(2)　 I　 saw　 you　 at the station.

特に(2)は「君」が最初に来ているため"You～"で文を始めたくなる人も多いかもしれません。「日本語をそのまま英語に訳そう」と思うと主語を忘れがちです。ちなみに「場所」「時間」などの補足説明は文の最後に付け足していくのが基本です。
　次の例はどうでしょう？

　　　(3)　野菜を摂るべきだ。

　このような出題をすると「Vegetable should ～」と、vegetable を主語にする例を見かけます（全くダメなわけではないですが、不自然な表現になります）。
　ここで「誰が／何する／何を」の語順を思い出しましょう。明示されてはいませんが、聞き手に対して「～すべきだ」と言っていますから「誰が」は「あなた(You)」、「何する」は「摂る」ですが、「摂る」は難しいので「食べる(eat)」を使います（知らない単語は知っている単語で置き換えることも大切なスキルです）。「何を」は「野菜(vegetable)」です。つまりこの文のベースとなる文は

　　　You eat vegetables.

となります。これに「～すべき」を意味する助動詞 should を付け足して、

　　　(3)　You should eat vegetables.

　英語には、助動詞・進行形・受動態などの様々な文法項目がありますが、どれも「誰が／何する／何を」を補完して表現を豊かにするためのものです。この英文法の「幹」をしっかりと鍛えておけば、今後の文法学習が容易になります。

❏ 語順感覚を鍛える練習問題

では次の練習問題で「語順感覚」を鍛えてみましょう！
　　　(1)　私は会社員です。
　　　(2)　あなたは素敵です。
　　　(3)　これはいいですね。
　　　(4)　質問があります。
　　　(5)　この色が好きです。

〈答え〉(1)　I am an office worker.
　　　　(2)　You are great.（wonderful などでも可）

(3)　This is nice.
　　　(4)　I have a question.
　　　(5)　I like this color.

　スムーズに英語が出てきましたか？「誰が / 何する / 何を」の幹をしっかりと鍛えるには、

　　　① 主語は何にすべきか？
　　　② 動詞は何を使うべきか？

の判断を適切に行えるようになることです。「語順」を意識して、たくさんの英語に触れ、トレーニングしてください！

2. Itで始まる文

　Itで始まる文はとても多いです。itをマスターすると英語を読みやすくなります。

❏ itといえば「それ」

　まずは代表的な「それ」の意味からいきましょう。

　　　"Whose bag is this?"　　　「これは誰のバッグですか？」
　　　"It's mine."　　　　　　　「(それは)私のものです」

　　　"How was the game?"　　　「試合はどうでしたか？」
　　　"It was really exciting."　「本当にワクワクしたよ」

　　　"I like it."　　　　　　　　「私はそれが好きです」

　itは一度話題に出たものを指す代名詞です。聞き手も「ああ、アレね」と分かるイメージです。

❏ 天候や時間を表すit

　次は天候や時間、距離など実態のないものを表す時に主語として使われる例です。

"It is cold today."　　　　「今日は寒いですね」(It = 天候・気温)

"It rains."　　　　　　　　「雨が降っています」(It = 天気)

"It's three o'clock."　　　　「3時です」(It = 時間)

"It's Monday tomorrow."　「明日は月曜日です」(It = 曜日)

"It's 10km from here to the station."
　　　　　　　　　　　　「ここからその駅まで10kmある」(It = 距離)

❏ 〈It is ～ to…〉の構文

　　　It is fun to study English.　「英語を学習することは楽しい」

「英語を学習する」は "study English" です。「～すること」は "to ～（不定詞)"で表現できますから、"To study English is fun." でも良いのですが、to 以下を後ろにおいています。英語では主語が長くなることを避ける傾向にあるため、形だけの主語（形式主語）として It をあてて、to 以下を指す構造になっています。

　　　It is fun（楽しいです）/ to study English（英語を勉強することは）．

先に「英語と日本語は語順が違う」ことを説明しました。ここでも同じことが言えます。「楽しい」とまず最初に結論を述べます。そして、「英語を学習することは」と、その楽しい具体的な内容を述べます。この表現方法に慣れると、意見を述べる時も他者の意見を聞く時もとても便利です。

　　(1)　面白いです、野球の試合を見ることは。
　　(2)　簡単ですよ、英語で話すことは。

　　(1)　It is fun to watch baseball games.
　　(2)　It is easy to speak in English.（in English で「英語で」の意味）

それでは次の例はどうでしょう？

(3) テニスをすることは難しい。

いかがですか？(3)のような文章の場合、さっと英語脳に切り替えて「難しいよね、テニスをするのって」と語順を変換することが必要です。

(3) It is difficult to play tennis.

これを意識せずにできるようになるためには、日頃から自分の言いたいことを英語で言ったり、書いたりする練習が有効です。

❏ 〈It is ～ that…〉の構文

基本的な考え方は It is ～ to…と同じなのですが、It is ～ that…の that 以下は「that 節」といって主語と動詞から始まる「文」を置きます。

It is great that you visit us.
　　　　　　　　主語　動詞
「あなたが私たちを訪問してくださって素晴らしいです」

この構文も It は that 以下を指す形だけの主語です。「素晴らしいです、あなたが私たちを訪問してくださって」の語順感覚をしっかり意識しましょう。

It is strange that he did such a thing.（不思議だ、彼がそんなことをしたなんて）
「彼がそんなことをしたなんて不思議だ」

It is important that you know this.（重要です、あなたがそれを知っておくことは）
「あなたがそれを知っておくことは重要です」

3. 時制と完了形

英語では「いつのことなのか」をはっきりさせるために「動詞」を変化させます。この規則のことを「時制」と言います。英語を使う上で避けては通れない知識です。

❏ 現在形（現在進行形）

現在形は現在の行動、様子、出来事を述べる表現です。

I like reading books. 「私は読書が好きです」
I am a doctor. 「私は医者です」

よく"I am like an apple."といった、「be動詞」と「一般動詞」を一緒に用いる間違いを見ます。英語では動詞を二つ並べて使うことはできません。これはbe動詞を「～です」という意味で覚えてしまっていることが原因です。be動詞は「～です」と覚えるよりも「＝（イコール）」だと覚えるとよいでしょう。

I am a student. (I = a student) 「私は学生です」
You are nice. (You = nice) 「あなたは素敵です」

疑問文でも同じです。

Is he a teacher?（he = teacher なの？）「彼は先生ですか？」
Are you OK?（you = OK なの？）「君、大丈夫？」

be動詞の用法には「＝（イコール）」の他に、「存在する」の意味もあります。

He was at home then. 「彼はその時家にいた」
There are many people here. 「ここにはたくさんの人がいる」

be動詞はその変化形として8つしかありませんのでしっかり覚えておきましょう。

〈be動詞〉

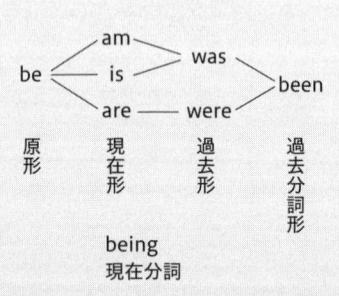

```
        am ─── was
be ─── is           ─── been
        are ── were
原形    現在形  過去形  過去分詞形

        being
        現在分詞
```

現在進行形は「be＋動詞のing形」で表します。文字通り今進行中の行動について表現します。

He is watching TV. 「彼はテレビを見ているところです」
What is she doing? 「彼女は何をしているの？」

現在形と現在進行形の違いに迷う方がいます。「私は彼を知っている」といった文を英訳する時に、「"知っている"だから〜ingを使おう」とするのです。日本語で判断するのではなく、その文法のイメージを頭に思い描くことが大事です。

〈現在形と進行形のイメージ〉

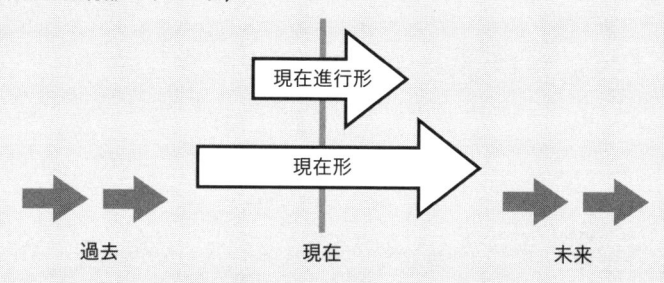

```
            現在進行形
        ━━━━━━━━━▶
              現在形
    ━━━━━━━━━━━━━━━━━▶
━▶  ━▶                    ━▶  ━▶
過去            現在            未来
```

現在形は現在進行形よりも表現する時間の幅が広いのです。

 I study English.
  →しばらく前から日常的・習慣的に英語を学習している。きっと明日も明後日もそうであろうことが推測できる。

 I am studying English.
  →今この瞬間は英語を学習していることを強調している。30分前は何をしていたかわからないし、30分後は別のことをしているかもしれない。

このような違いがあるのでI know him. を"I am knowing him."としてしまうとおかしいことになります。「今この瞬間彼のことを知っている（けど、5分前は知らなかったし、5分後は忘れてしまうかも）」というニュアンスになるからです。現在進行形は「今、（目の前で）行われていることを伝える」と覚えておきましょう。

❏ 過去形

過去形は文字通り「過去のある時点の話」です。

 I went to Disneyland last week.
 「先週、ディズニーランドへ行った」

 I played baseball when I was a student.
 「学生時代、野球をやっていました」

I was a policeman 10 years ago.
「10年前警察官だった」

　現在形が現在の習慣を表すように、過去形も過去の習慣を表すことができます（2つ目の例文）。過去形で注意して欲しいのは「その時〜だった（今は違う）」というように、「今は違う」というニュアンスが入ることです。このニュアンスを理解できると完了形の概念が理解できますので覚えておいてください。
　進行形の be 動詞を過去形にすると過去進行形になります。「その時〜している最中だった」という意味を表します。

I was reading a book when he came in the room.
「彼が部屋に入ってきた時、私は本を読んでいた」

　過去形は動詞の変化形を覚える必要があります。基本的には単語の最後に ed (d) をつけるのですが、不規則に変化する動詞もあるので、覚えてしまいましょう。

❏ 未来の表現
　英語には、現在形や過去形のように動詞の変化形で表す、いわゆる「未来形」というものは存在しません。そのため何通りかの方法で未来のことを表します。「will は be going to に置き換えられる」と教わった人もいると思いますが、厳密に言えば正しいとは言えません。表現が異なれば、伝わるニュアンスの違いがあるのが言葉だからです。

(1)　I will go to France.
(2)　I am going to go to France.

　この2つの文はどちらも「フランスへいくつもりだ（予定だ）」を意味しますが、will の方がどちらかといえば今決めたような印象で、be going to を用いると既に決まっていたことで、いくらか準備が進んでいるようなニュアンスになります。

(3)　I am going to France.

　という表現も可能です。「進行形だから、"私はフランスへ行っているところです"という意味？」と思うかもしれませんが、これもれっきとした「未来の表現」です。「進行形 (be + 〜ing)」で、近い未来で実現の可能性が高いことを表すことができるのです。準備がほとんど整って、近日中にフランス行きの飛行機に乗ること

が決定しているようなニュアンスを持っています。進行形との違いは文脈で判断します。

●未来表現のまとめ

(1) の will は元々の意味は「意思」です。will は「〜するという意思を持っている」という意味で未来のことを表現します。

(2) の be going to は元々 "go to" です。そう、「〜へ行く」の進行形なのです。そのまま解釈すると、「フランスへ行くという状況へ向かっている最中」となります。will よりも具体的に物事が進みつつあるイメージです。

(3) は I go to France. が進行形になった形です。直訳すると「私はフランスに行っている最中だ」となります。「今まさに〜している最中」と進行形で言ってもよいくらい物事が確定的に進んでいる気持ちが表れています。

❏ 完了形

多くの人がつまずくのが完了形です。完了形が難しく感じるのは「日本語にない文法」だからでしょう。次の日本文をよく見てください。

「私は教師を 10 年やっています」

この「やっています」は状態を表す表現ですが、形は現在形です。しかし "I am a teacher for 10 years." ということはできません。英語の現在形は現在のことのみを表現し、7 年前、8 年前、9 年前など過去のことを含意しないからです。日本語では「やっています」という現在形で 10 年分の行動を示唆できるのに対し、英語では現在形で過去のことを意味することはできないのです。

「私は教師を 10 年やっています」→ 10 年前からずっと教師をやっている。

（現在形）　I am a teacher. → 10 年前教師だったかどうかは分からない。
（過去形）　I was a teacher 10 years ago. → 今教師かどうかは分からない。

英語の現在形と過去形では「10 年間ずっと〜してます」を意味することができないため、別の表現が必要になります。それが「現在完了形」なのです。

● 3つの異なる用法

現在完了形は、「have + 動詞の過去分詞形（Vpp）」で表現されます。現在完了形には以下の3つの用法があります。

（継続用法）
　I have been a teacher for ten years.　「私は10年間教師をやっています」

（経験用法）
　I have read the novel once.　「私は一度その小説を読んだことがあります」

（完了用法）
　I have finished my homework.　「私は宿題を終えました」

完了形は日本語にない上に用法が3つあり、使い分けないといけないので日本語話者にはハードルが高いようです。しかし、日常会話でもよく使われるので、完了形をマスターすれば、英語をマスターできます！

ここでも「文法に込められた気持ち」で解説しましょう。まず現在完了形は「過去から現在までの行為」を表すと覚えてください。

〈完了形のイメージ〉

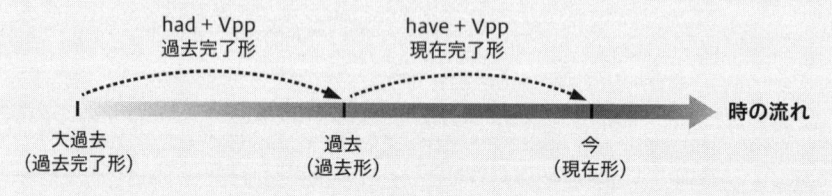

```
            had + Vpp        have + Vpp
            過去完了形         現在完了形

    ├──────────────▶├──────────────▶────────▶ 時の流れ
    大過去              過去              今
  （過去完了形）       （過去形）         （現在形）
```

このイメージはとても大事です。現在完了形は「have + Vpp」だと習いますが、"なぜ have を用いるのか" は知っていますか？
　have の元々の意味は何でしょう？「持っている」ですね。だから完了形は「Vpp を持っている」つまり「V したという状態を持っている」ことを表します。完了形で表現したい心を説明すると以下のようになります。

　I have been a teacher for ten years.
　（10年にわたって教師をしていたという状態を今持っている）

I have read the novel once.
(一度読んだ、という経験を今持っている)

I have finished my homework.
(宿題を終えた、という状態を今持っている)

　haveは「持っている」なので、「〜した／〜してきた」という行為が今の自分に何らかの影響を及ぼしていることを示唆します。

(1)　I finished homework.
(2)　I have finished homework.

　この２つは「私は宿題を終えた」と訳すことができますが、ニュアンスが異なります。(1)は過去の「終わった」という事実の報告です。一方、(2)は現在完了形なので、「時間をかけて宿題をやってきて今終わった」というニュアンスを感じさせます。もしくは宿題を終えた状態が今の自分に影響を及ぼしている、例えば終わったからもう遊びに行ける、などの意味の広がりを感じさせます。

(3)　How are you?「元気ですか？」(現在形)
(4)　How've you been?「元気にしていましたか？」(現在完了形)

　(3)はその時の状態のみを質問しているのに対し、(4)は現在完了形を用いていますから「過去から現在までの状態」を尋ねています。つまり「前回会った時から今日までどうしてた？　元気にしてた？」というニュアンスになるのです。

(5)　I lost my key.（過去形）
(6)　I have lost my key.（現在完了形）

　両方とも「鍵を無くしました」と訳せますが含まれる意味が異なります。(5)は「無くした」という事実報告です。前述したように過去形は「今はちがう」ことを暗示するので、その後鍵が見つかったり、鍵を新調したかもしれません。
　それに対して(6)は「私が鍵を無くした状態を今も持っている」ので、今も鍵は見つかっていないことが示唆されます。

　人は様々な行動の積み重ねで時を過ごしていきますから、過去の行動が今の自分

に影響を及ぼしていることはよくあることです。それゆえ日常生活でも、完了形はよく使われます。ぜひマスターしてください。本文からの例文を紹介しましょう。

"Ah, so you *have grown* tired of luxury, I see."
(p.28 下から5行目「Toshishun」より)
「ああ、つまり贅沢に飽きてしまったというわけだな」

過去2回金持ちにしてあげた経過を踏まえているので現在完了形を用いています。

ちなみに過去の時点よりも前のことを表す表現を「過去完了形」といいます（p.198 完了形のイメージ図参照）。物事の順序をはっきりと伝えるために使います。

I lost my watch yesterday, which I *had bought* 5 years ago.
「5年前に買った時計を昨日無くした」
（「買った」が「無くした」よりも前なので過去完了形（had + Vpp）で表す）

When I got to the station, the train *had* already *left*.
「私が駅に着いた時は、すでに列車が出発した後でした」
（「駅に着いた」よりも前に列車は「出発していた」ことが明示されている）

Everything was just as it *had been* before. (p.24 5行目「Toshishun」より)
「全てが以前のようになった」

過去完了は過去と区別する時、つまり出来事の順序をはっきりと述べる時に使われます。as 以降は一度目に杜子春が金持ちになったこと、as より前の部分は杜子春が再度金持ちになったことを表しています。

言葉や文法の概念を理解するには、たくさんの例に触れて、何度も自分で使うことが大事です。ぜひ本文や例文を何度も音読してみてください。

4. 仮定法

仮定法も英語の難関文法と言えるでしょう。しかし完了形同様、とてもよく使われる文法です。避けては通れませんからぜひ覚えましょう。

If I *were* a bird, I *could* fly. 　「もし僕が鳥なら飛べるのに」

I wish I *could* speak English. 　「英語が話せたらなあ」

If I *had* much money, I *could* buy the car.
「もしたくさんお金があれば、あの車が買えるのに」

❏ 仮定法過去

「今もし〜だったらなあ」という現実とは異なる気持ちを述べる方法を仮定法過去と言います。今の話なのに過去形を用いることが仮定法を難しく感じさせます。そこで、なぜ仮定法では過去形を用いるのかその「気持ち」を説明しましょう。

　　　I saw the movie yesterday. 　　「私は昨日その映画を見た」

　　　I was a student 10 years ago. 　「私は10年前学生だった」

昨日や10年前などの過去の出来事は、「遠い距離」を感じさせます。どう頑張っても昨日にも10年前にも戻ることはできませんから、過去形は「今の自分からかなり遠い」ことを感じさせる文法です。

仮定法に戻ってみましょう。「自分が鳥である」世界は近くにあるでしょうか？もちろんそんな世界は近くにはありません。とても「遠く」にあるイメージです。現実とは違う世界に到達することは不可能です。だから仮定法は過去形を用いるのです。「遠い」気持ちは「過去形」で！と覚えましょう。

図に書くと次のようになります。

〈仮定法のイメージ〉

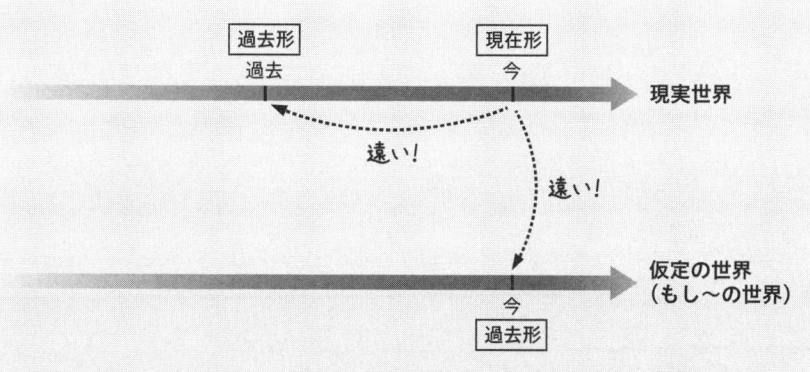

仮定法では be 動詞は主語に関わらず were を使うというルールがありますから、If I was 〜ではなく、If I were 〜となります。

　　If I were you, I would visit the temple.
　　「もし私があなただったら、その寺を訪れますよ」

　　If only she were my girlfriend…　「あの子が僕の彼女だったらなあ…」

　　…as if it *were* a horse. (p.34 3行目「Toshishun」より)
　　「まるで馬のように…」

竹の棒は馬ではありませんが、それが馬であるかのようにまたがったので仮定法が用いられています。この文章のすぐ後に as if it were a dragon という表現があるのも同じ理由です。

❏ 仮定法過去完了

次は過去の事実に反する仮定の話を述べる方法です。「仮定法過去完了」と言います。時制の項目で学習した過去完了形（had + Vpp）を用います。

　　If I *had had* a car, I *could have driven* you to the station.
　　「もし（あの時）私が車を持っていたら、あなたを駅に連れて行ってあげられたのですが」

　　If I *had been* you, I *would have studied* harder.
　　「もし（あの時）私があなただったら、もっと一生懸命勉強したでしょう」

下線部は元々 had だったのですが、直前に助動詞 could と would があるため原形になっています。

　　If you *had* just *stood* by and said nothing, I *would have killed* you myself. (p.72 7行目「Toshishun」より)
　　「もしお前がただ突っ立って何も言わなかったら、私自身がお前を殺していただろう」

鉄冠子が、杜子春の様子を思い出して述べている言葉です。実際には杜子春は声を上げており、殺されてはいなかったので仮定法過去完了形で表現されています。

仮定の世界では、現在のことは過去形、過去のことは過去完了形で表しますが、ややこしいですね。これも先に説明した「遠さ」で説明ができます。

〈仮定法過去完了〉

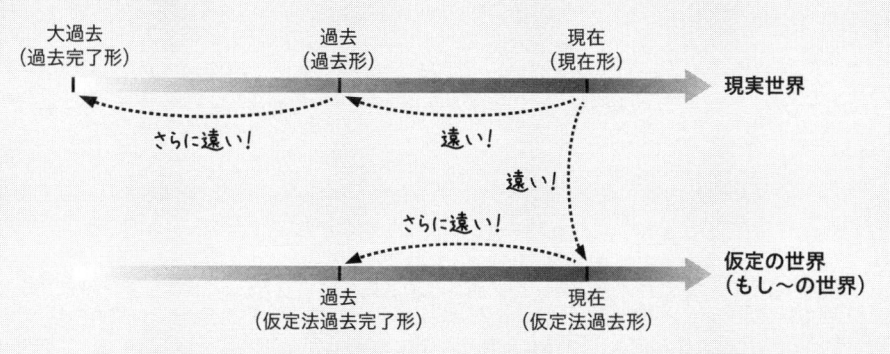

```
大過去              過去            現在
(過去完了形)        (過去形)         (現在形)
←─────────────────────────────────→  現実世界
    さらに遠い！      遠い！
                            遠い！
        さらに遠い！
←─────────────────────────────────→  仮定の世界
              過去            現在       (もし〜の世界)
         (仮定法過去完了形) (仮定法過去形)
```

現実世界では、「過去(過去形)」は遠く、「過去よりも過去(過去完了形)」はさらに遠い感覚です。「仮定の現在(仮定法過去)」は遠く、「仮定の過去(仮定法過去完了)」はさらに遠い感覚です。遠い感覚が増すにつれ時制が変化することを感じ取ってください。「文法の後ろに感情あり」を忘れず、一歩ずつ英語の世界を楽しんでいきましょう！

[IBC対訳ライブラリー]
英語で読む芥川龍之介短編集

2016年5月3日　第1刷発行

原著者　　芥川龍之介

発行者　　浦　晋亮

発行所　　IBCパブリッシング株式会社
　　　　　〒162-0804 東京都新宿区中里町29番3号 菱秀神楽坂ビル9F
　　　　　Tel. 03-3513-4511　Fax. 03-3513-4512
　　　　　www.ibcpub.co.jp

印刷所　　株式会社シナノパブリッシングプレス

© IBC Publishing, Inc. 2016

Printed in Japan

落丁本・乱丁本は、小社宛にお送りください。送料小社負担にてお取り替えいたします。
本書の無断複写（コピー）は著作権法上での例外を除き禁じられています。

ISBN978-4-7946-0409-5